守望乡村教育

李玉玺 著

安徽师范大学出版社
·芜湖·

责任编辑:陈　艳
装帧设计:王　彤　袁现伟

图书在版编目(CIP)数据

守望乡村教育/李玉玺著.—芜湖:安徽师范大学出版社,2017.9
ISBN 978-7-5676-3161-8

Ⅰ.①守… Ⅱ.①李… Ⅲ.①乡村教育 Ⅳ.①G725

中国版本图书馆CIP数据核字(2017)第228591号

守望乡村教育

SHOUWANG XIANGCUN JIAOYU

李玉玺　著

出版发行:安徽师范大学出版社
芜湖市九华南路189号安徽师范大学花津校区　　邮政编码:241002
网　　址:http://www.ahnupress.com/
发 行 部:0553-3883578　5910327　5910310(传真)　　E-mail:asdcbsfxb@126.com
印　　刷:虎彩印艺股份有限公司
版　　次:2017年9月第1版
印　　次:2017年9月第1次印刷
规　　格:700mm×1000mm　1/16
印　　张:12.5
字　　数:180千字
书　　号:ISBN 978-7-5676-3161-8
定　　价:38.00元

（书法家王德胜赠送给支教工作者李玉玺老师的书法作品）

序　一

中华优秀传统文化从哪儿来？是从中国农耕社会而来。中华优秀传统文化的核心是什么？是数千年农耕文明的内在理念。这样的社会和这样的文明到底在哪儿？在四书五经、诗词歌赋等典籍文化载体里，更承续于鲜活的乡村生活、社会心理、行为方式、乡规民约、乡风乡俗、风土人情、乡言乡语、乡村传说、乡村寓言、乡谐乡趣、乡歌民谣、乡间文学、乡间风物、乡居器物里。

因此，传承发扬中华优秀传统文化，不应拘泥于典籍文化。悄然兴起的乡村文化建设与乡村教育改革，应该且可以成为传承发扬中华优秀传统文化的重要而不可或缺的途径、路径和方式。在中国主流社会强力推进城镇化的过程中，乡村文化及其教育传承，注定是个绕不过去的持续性难题。

专著《守望乡村教育》，正是这样一种思考和探索的重要成果。该专著的主题是乡村教育的宏观和微观问题。李玉玺老师的探索，既有实践关怀，又有学理追求；既具针对性，又有直接的实践意义和价值。

李玉玺老师专著中的两种理念值得关注并引起了我的共鸣：一是母体文化——乡村文化问题，二是传播母体文化的教育细胞——乡村小学问题。这两个问题，均属于重大社科问题。小学教育及其相关系统探索破解这些问题，具有可持续的重大文化创新价值，可以作为国家重大文化教育课题予以立项并深入探讨。

李玉玺老师的专著《守望乡村教育》分为上下两篇。

上篇偏重于宏观的理论构建，由20篇文章构成。这些文章相对独立又相互联系，从以下方面提出了乡村教育的改革主张：乡村教育的改革理念、乡村教师、乡村孩子、乡村学校的课程、教学和管理等。这些文章表现了李老师务实求真的科学理性精神，可供有关决策和研究部门参考。

下篇偏重于微观的实践体验，由20篇文章构成。李老师基于乡村教育的体验、观察和盘点，用教育叙事、田野调查、参与性观察等方法记录了自己一年来在乡村小学的支教经历。李老师综合运用叙事、说理、写景、抒情等方法，生动刻画了乡村学校教育的丰富细节，从而揭示了乡村教育改革的复杂性和艰巨性。

“暮色已至，一片透明的灰云，淡淡地遮住浅浅的月牙儿，袅袅的炊烟氤氲着整个村庄。恬静的乡村学校弥漫在一片柔和的气息中。”专著中既有如此富有诗意描述乡村小学的语言，也有直面乡村教育现状的感叹：“乡村学校越来越空，学生越来越少，教师越来越老。”

的确，目前的乡村小学借助城乡义务教育均衡发展的契机，办学条件有了大幅度的提升。但据有关部门统计，乡村学校的数量在不断缩减之中；乡村学校的学生数之于全国义务教育阶段学生数的占比不到一成，即小于10%；社会对于乡镇和乡村学校的教育质量信心不足。这种现状凸显了乡村教育改革的紧迫性、复杂性和艰巨性。

热烈祝贺李玉玺老师的著作出版！相信李玉玺老师的著作能够为乡村教育改革带来重要启示。

夏家发

2017年8月30日毕业于华中师范大学教育学院

（作者系华中师范大学教育学院副教授，语文课程教学论硕士研究生导师，教育部国家级教师培训专家）

序　二

读李玉玺老师的著作《守望乡村教育》，时时会有共鸣。我曾经也是海岛的乡村教师，这书里写的每一个细节，都让我仿佛回到了我的乡村教师时代。

1989年师范毕业，我分配在当时全市条件最艰苦的龙门海岛。船在浑浊的海面上行驶了大约一小时二十分钟，在码头停泊了。我拎着沉重的背包，昏昏沉沉走了15分钟的山路，才到达工作的乡中心小学。

学校校舍依山而建，面积不足二亩，9名教师，5个班级，127名学生，两幢老教学楼，一幢新翻的宿舍楼，显得非常局促，真乃“螺蛳壳里摆道场”。饭菜是老师们的心头大患。学校厨房只管烧饭，不管做菜。菜，只能自己动手在煤油炉子上烧。所吃的菜，也都是星期天从家里带来的。因而，上半周餐桌上往往还算丰盛；到了下半周，那可就惨不忍睹了。

后来，因为各种原因，我调到了城里，在业务上有了一定的知名度，有了许多机会在全国讲学，但我最愿意去的地方，就是乡村学校。我也为藏族学校以及浙江的两所希望小学的孩子送去了书和其他物品。做这些，不是表明自己多么高尚，而是从内心里向乡村教师致敬，希望尽绵薄之力，为他们做点事。

玉玺老师从城里到乡村学校支教，不是为了镀层金，而是扎扎实实给乡村学校做了很多事。比如，联系教学专家、名师、外教到乡村学校送教，安排乡村学校教师到北京等地参加全国大型的教学活动，给乡村学校捐赠图书，带女儿一起捐助乡村学校的贫困孩子……点点滴滴，都体现了一位有良知、有水平的优秀教师的风范，我为玉玺老师点赞。

但更值得我们点赞的，是玉玺老师笔下的乡村教师。

我要为2009年临危受命担任校长职务的老黄点赞。为了给学校省钱，他带领全体老师，用勤劳的双手改造了校园。铺砖、砌墙、挖下水道、埋管线、铺电缆、挪变压器……老黄汗水流在前头，用自己的人格赢得了老师的爱戴。学校变压器打雷烧了，老黄想尽办法先行垫支费用进行维修，让孩子们不因为停电而吃不上热饭、喝不上热水。

我要为临近退休还为乡村孩子开设书法课的尚老师点赞。乡村教育缺人、缺钱、缺场地、缺见识，基本上什么都缺。能开书法课的乡村学校，少之又少，尚老师年龄大，可是心态好，每天自己练字不辍，经常去参加书法培训、交流活动，把自己擅长的毫无保留地教给了乡村的孩子。也许，不是每个孩子都能考上理想的大学，但我想，这里的每个孩子都可能写一手好字，成为中国传统文化的传承人。

乡村教师要点赞的还有很多很多，怕孩子午休被风吹感冒而掩上楼门的李洪洁老师，为照顾学生把床架在教室里的低年级的老师，为听一节专家的好课而激动无比的年轻乡村教师，为参加名师教研专注听讲的乡村老教师。他们也许一辈子都没有轰轰烈烈的事迹，可是在祖国最需要的乡村教育的大军里，有他们无怨无悔、坚毅无比的孱弱身影。

最后，我还是要忍不住为玉玺老师点赞。不是为他的具体行为，而是为一位一线教师，竟然可以写出那么多饱含深刻思想的对乡村教育未来的思考：

他认为，乡村教育的没落，不是偶然现象，是乡土文化日渐萎缩带来的连锁反应，是乡村的老师和学生对自己文化的抛弃和背离。

他呼吁，乡村教师是乡村教育的希望，是乡土文明的引领者，乡村学校是乡土文明的最后传承地。

他倡议，乡村教育不要妄自菲薄，要发挥自身的乡土优势，要挖掘身边的乡土资源，要在乡土文化上做足文章。

他的很多建议，我都深表赞同，例如，乡村学校要姓“农”，乡村教师要依乡而养，乡村教研活动要有“农味”，支持乡村教育，“输血”质量是关键，乡村学校的办学理念要以朴素为本，乡村教师要像农民伺候庄稼一样伺候学生，乡村教育更需要强有力的校长，乡村教师的幸福指数应该有自己的标准……

乡村教育越没落，越需要有志之士站出来，为乡村教育鼓与呼。这样一本以第一人称亲历视角写出的著作，相信会让很多人更加了解乡村教育，更加敬佩乡村教师，更想为乡村学校做点事。

所以，我们一起，为守护乡村教育的人，点赞。

张祖庆

2017年8月于西子湖畔

（作者系浙江省杭州市下城区教师教育学院副院长，全国著名特级教师，全国小学语文名师工作室联盟秘书长）

目　录

上　篇　乡村教育之思考

下　篇　乡村支教之记忆

上　篇　乡村教育之思考

守望乡村教育，放飞教育梦想。乡村教育随着国家《乡村教师支持计划（2015—2020年）》等一系列文件的下发，迎来了新的历史发展机遇。作为一名乡村支教教师，在这一年的执教生活中，我见证了乡村教育的历史性转折和乡村学校发展与蜕变的过程。与此同时，也引发了我对乡村教育转型发展的点滴感悟与思索。

当下乡村教育现状的思考

今天，积淀了五千年历史文化的中国，积蓄了前所未有的力量高速奔驰，城镇化建设日新月异。有报告统计，截至2015年，中国的城镇化水平达到了56.1%。这既是社会发展的巨大进步，也是社会发展的巨大成果。只是城镇化滚滚的进程洪流，无形中冲击了乡村文化、乡村文明、乡村教育。随着社会的发展，人们的生产方式、生活条件以及生活理念都有了巨大的变化，有些乡村的文化印迹，还没来得及被思考如何继承就淹没在了历史进程的大潮之中，就这样，乡村的有些东西永远地消失了。比如，乡村的风俗、乡村的伦理等。社会进程无法阻挡，作为教育工作者，我们必须关注乡村文化消失对乡村教育带来的影响，这也是我在支教工作中思考最多的一个问题。

在中国城市化进程的高速列车上，乡村教育是被落下的乘客，还好当下被发现了，只不过被落下的距离有点远。有专家用“学校越来越空、学生越来越少、教师越来越老”来形容乡村教育的现状，形象而准确。的确，我们审视当下的乡村现状，村里几乎见不到青年人，只剩下了实在走不出去的老人和孩子。乡村教育正面临着巨大的困难和挑战。

乡村教育的没落首先表现在乡村学校根植的乡土文化日渐萎缩。乡村学校之所以有“乡村”二字，我想绝不单单因为学校所处的位置而冠名，我认为在内涵上更因为它根植乡村文化而立名。乡村文化滋养着乡村学校，乡土气息涵养着乡村学校，正是因为有了乡村人民的勤劳质朴，才有了朴素、纯美的乡村教育。乡村社会作为乡村学校文化的母体，滋养着乡村学校。乡村文化的衰落、萎缩会让乡村学校成为无源之水、无根之木。当下的乡村面临着人口锐减的问题，接受外来文化与现代文明的双重冲击，特有的乡村文化出现了后继无人的尴尬局面。越来越多的进城潮与务工潮，让老年人成为乡村社会的孤独守望者，这些老人是乡村文化的传承者与代言人，他们身上镌刻着深深的乡村文化的痕迹。然而随着他们的离开，乡村文化也就被带进了泥土之中，因为当下在乡村已经几乎看不到与老人们朝夕相处的年轻人。乡村文化的传承主要是靠感染和熏陶，缺少了这样的路径就会让文化出现断层。乡村教育在一定程度上也是乡村文化的一部分，这样的现状让乡村教育也走进了发展的窘迫之境。

乡村教育的没落其次表现在乡村教师与乡村文化的日渐疏远。乡村教师过去作为乡村社会中少有的知识分子，当属乡村文化的传承人和引路人，但是如今的社会现状却发生了较大的变化。过去我们定义的乡村教师是：教书在乡村，生活在乡下，根植在乡土。他们是乡村中的一员，熟悉乡村生活，热爱乡土气息，了解乡村孩子，与乡村文化密切地融为一体。然而现在的乡村教师却与当下的乡土情怀日渐疏远，尽管还教在乡村，但是他们却生活在城市，扎根在城市。他们大多在工资待遇大幅度提升之后，离开了乡村生活，到就近的城市中买房居住。工作日白天开车到乡村学校上班，下班开车回城市生活，周末定居在城市。他们渐渐习惯了用城市人的眼光去衡量乡村。随着时间的推移，他们不再熟悉乡村，不再热爱乡土，不再了解乡村的文化背景，乡村对于他们来说就是一个一天工作八小时的场所，他们无法融入乡村生活之中。如今乡村教师“身在乡村，心在城市”的现状较为突出，因为他们身上已经没有了乡村文化的烙印，自然传承乡村文化的重任也就无法承担了，从一定的意义上讲，他们是生活在城市的新型乡村教师。另外，乡村教师在自己的专业发展道路上，仍然按照城市化的培养方式。外出培训听的是城市学校教师的课堂教学，看的是城市学校优质的教学资源，学的是城市学校前沿的教学理念。乡村教师完全被城市化的理念洗礼了。这种学习虽然说使乡村教师在理念和视野上有了拓展，但是他们的发展更应该基于乡村文化，基于乡村教育的实际，重构自己的专业发展之路。作为乡村教师培养的主政机构，应该深挖乡土文化的内涵，开展适合乡村教师的校本教研，走适合乡村教师发展的培训之路。

乡村教育的没落最后表现在乡村学生与乡土气息的日渐脱离。乡村学校当下面临的另外一个尴尬的局面就是“不乡不城”的现状。乡村学校虽地处乡村，但经常用城市化的标准去衡量自己，上级有关行政部门也经常会用一套标准来检查、督导所有的学校。本应该体现乡村特色的教学，经常被城市化的课程所束缚，这种境况使得乡村学校的学生虽置身乡村教育之中，却得不到乡土文化精神的深层滋养，虽置身乡土之中却触摸不到真实的乡土气息。20世纪八九十年代，乡村大规模地撤点并校，让乡村学生过早地进入了寄宿制和坐校车奔波的非城镇、非乡村的学校生活。诚然，撤点并校在一定程度上集中了优质资源，提升了教育教学质量。但是，孩子们的日常生活课余时间却被坐校车或寄宿制学校生活侵占了，学生与乡村自然密切接触的机会和时间被剥夺了。这些学生放学后的田间游戏没有了，与家人农田间的劳动没有了。当然，随着社会的发展、父母意识的变化，家长也很少让孩子参加田间劳动。孩子们没有了乡村的实践，没有了与乡村自然接触的机会，尽管他们身在乡村，但与乡土气息日渐脱离。另外，孩子们上学追求的目标就是要逃离乡村，过上城市人的生活。随着社会的发展，我们就会发现其实这是一个误区。乡村教育也从一定程度上承担起了这样的培养任务——把一批批的乡村孩子输送到城市之中，乡村空心化也就属于正常现象了。

作为教育工作者，我们要正视乡村教育的现状，只有我们准确地把握乡村教育发展的脉搏，才能够定位好乡村学校的坐标点，才会基于现状寻找到乡村教育的突围之路。

原文写于2016年4月20日

让乡村教育点亮乡土文明未来的路

中国当前正走在工业化、城镇化的征途上，在这个进程中，乡村却日益走向了衰败和凋零。随着乡村不断被边缘化，乡土文化日渐衰弱，乡村文明空心化的问题日渐凸显。作为乡土文化重要组成部分的乡村教育也面临着萎缩与凋零。习近平总书记在谈及乡村建设中曾提到，要让中国人记得住乡愁。这寄托了一代领导人的期待。乡村生活和乡土文明，历经几千年的沉淀孕育了中华文明，乡土文化不应随着城市化进程而消失殆尽。乡土文明的继承和发展，根基在乡村，重任在乡村教育，希望在乡村教师。李泓冰先生曾说过："对于遥远的乡村来说，每一所学校，就是一堆火；每一位教师，就是一盏灯。那光虽是黯淡，却明明灭灭地闪烁了几千年，是烛照中国乡村的一线微茫。"如此背景之下，乡村教育也许就是点亮乡土文明未来之路的希望。

乡村教师是乡村教育的希望，乡土文明的引领者。

顾明远先生说："繁荣乡村文明，关键在乡村教师。他们与乡村文化密切相关。村里没有教学点，没有教师，那么这个村也就没有了文化。乡村教师有水平，就可以挖掘和保持当地的文化。所以，培养教师是第一位的，我们必须尊重老师，相信老师，依靠老师。"顾老的话概括了乡村教师的价值与作用，乡村教师不仅仅是乡村教育的希望，同时也会成为当地乡土文化的引领者。乡村学校是乡土文明的高地，乡村教师就是当地知识与文化的象征和权威。

我的父亲曾经就是一位乡村民办教师，从村里走出的一批批大学生都是他的学生，当年的学生如今都成为了父亲的骄傲。就是从村里走出的那一批批大学生不断改变着村风、村貌。父亲回忆说，从当初村里的人不重视教育，上学无用论蔓延，适龄孩子辍学严重，到后来村民重视教育，把孩子上学当成家庭中的头等大事来对待，这样的乡村文明进化功劳在乡村教师。乡村教师唤醒了村民的教育意识，改变了村民的教育观念，由此带来了乡土文明的发展与提升。在我的记忆当中印象最深的事，一是春节父亲为村民写春联，二是父亲为村民读信和代笔写信。过去乡村过年贴的春联都是自己买来红纸请人书写，父亲作为乡村学校的老师，是全村文化的权威，又能够写得一手好毛笔字，自然也就成为书写春联的不二人选。于是每年从腊月二十五村民赶完年集买到红纸后，我家的年味便浓郁起来。父亲总是从腊月二十六开始，摆好笔墨纸砚为村民书写对联，这件事情会一直持续到年三十。那几天我们家的地上每天都是摆得满满的春联，我也乐意帮忙，任务就是帮着父亲拽着对联纸，父亲每写完一张我便负责摆到地上把字晾干。另外，我还有一个重要任务就是负责把晾干的对联收起来。这活对当时还不太认字的我来说可是一个不小的挑战。因为每一家的对联都有好几副，我必须把每一副都分开放好，以免不认字的村民回家贴错春联。地面上摆的多了，谁和谁是一副有时我也搞不清楚，于是，我就要求父亲写一副五个字的，再写一副七个字的，谁家的对联数量多，我也会要求父亲再写副九个字的，这样我收的时候只要字数一样多的就是一副了，再也不会弄错了，而且不识字的村民也不会贴错。

另外，印象最深刻的就是父亲为村民读信和写信了。记得当时村里有一位孤寡老人，老家是外地的。老人每年最大的期盼就是老家寄来的一封家书，因为那时通讯不太方便，老人一年与家人只有一次书信来往。对于一位孤寡老人来说，这成为了最大的期盼，接到远方的来信成为了她最大的幸福。我清晰地记得，当老人接到一封来信时，她经常在吃完晚饭后借助昏暗的油灯让父亲给她读信，一封信有时需要读上好几次。读完一遍之后，有时候老人把信的某个地方忘了，就再请父亲来读。当然写信也会写好几遍，老人只要想起一点都会再嘱咐父亲帮她加上，恐怕有哪个地方还说不明白，这样一封信来来回回得改上好几遍。父亲也会耐下性子为老人反复读信、写信。为此，我们家在村里特别受尊重，村里的大事小情都有意无意地给予我家照顾，农忙时分因父亲在学校上课，也会经常有村民来帮母亲做农活。

像父亲那样扎根在乡村，教在乡村，生活在乡村，才是真正的乡村教师。他们身上流淌着故乡的血液，内心眷恋着故乡的热土，乡土文明成为根植在他们内心深处的灵魂。当下国家提出的支持乡村教师发展计划是一件利在当代、功在千秋的大事。相关配套政策落实到位，让乡村教师下得去、留得住，让乡村教师爱上这片热土，他们才会爱上乡村教育。当乡村教师爱上乡村教育，他们会愿意扎根这方乡土，真正融入当地的乡村文化，他们才会更好地为乡村教育发展服务，乡村教师才会引领乡土文明的未来。乡村教师扎根于乡村教育，用自己的生命去守候和浇灌乡村的孩子，是乡土文明传承的主力军，也会为乡村文明的未来播下希望的种子。乡村教师用自己高尚的素养培育良好的校风，良好的校风会有效影响家风，改变民风。乡村学校成为乡村的精神家园，良好的乡村教育成为唤醒、传承乡土文明的引领者。

乡村学校是乡土文化的未来，乡土文明的传承地。

乡村学校未来要向着小而美、小而优的目标发展，要向着具有乡土气息、乡土特色的目标发展。乡村学校要定位好自己的发展方向，挖掘好自己的资源优势，既不要好高骛远，也不要盲目追逐城镇学校的办学优势。乡村学校要根植于乡土文化，把乡村文明的符号和记忆迁移进课堂，成为学校乡土课程的重要组成部分。我支教的学校和其他的乡村学校，不等不靠，积极构建属于自己本土特色的乡土文化课程，有的把当地的吕剧引进课堂，开设成为校本课程；有的把当地的非遗文化引进课程；有的把当地的民间艺人请进课堂；有的把当地的民俗民间文化植入课堂，植入课程。这样的乡土课程的开设既能让优秀的传统文化发扬光大，同时又能让乡土文明得到有效传承。乡村学校最不缺少的就是土地和自然资源，有的学校开设了种植课程，让生命教育融入了学生的记忆；有的学校让学生以体验教育的方式走进自然，感受自然，让生活与自然和谐共生，让生命与自然和谐共处。这些乡土课程让乡村学校引领了乡土文化的未来，也成了乡土文明的传承地。

我在调研工作中看到一所乡村学校，无论是老师还是孩子都能现场拿出自己的草编绝活。这源于这所学校开设的乡土草编课程，学校邀请当地民间草编艺人，手把手地教，从选材到图形设计、编制成型，很是讲究。学校根据学生需要制定了草编教程，开设了草编课，每周定期开课。很多家长踊跃投入到活动中去，他们或给孩子出谋划策，或与孩子共同完成作品，共同体验草编制作的乐趣。草编，编织了孩子们童年的梦想。另一所乡村小学则开设了剪纸课程，经过一段时间的课程探索，如今剪纸这一民俗文化已扎根校园。学校聘请民间艺人教剪纸，成立了“小小剪纸社”，让孩子们接受剪纸艺术的熏陶，在民俗文化的环境中茁壮成长。处在黄河边上的另外一所乡村小学则充分利用地理资源优势开设了“黄河口泥塑课程”。这是以黄河口红泥为原料，以手工捏制成型，以人物或动物为主角，打造的“黄河口湿地泥塑文化”。学校根据孩子们的特点，开设了黄河口泥塑课堂，形成了民俗传统文化与教育相结合的教学模式，每年举办黄河口泥塑文化节，鼓励孩子们争当制作小能手。学校充分利用当地资源优势，让课程发扬了传统文化，让悠久的黄河文化得以发扬光大。

乡村教育只有根植乡土文化，才有取之不尽、用之不竭的力量源泉，朴素、勤劳、淳朴、向善的乡村文明才能够照亮乡村教育，乡土文明也必将在乡村教育的坚守下得到继承和发展。

原文写于2016年3月12日

乡村教育的突围

城乡二元结构应该是当下社会发展的一个常态，社会发展进程中应该正视乡村的价值作用和不可替代性。在这种社会背景之下，国家提出了建设文明新农村行动计划，为了促进教育现代化的进程，对乡村教育也有了相应的政策支持。特别是国务院提出的《乡村教师支持计划（2015—2020年）》，对于乡村教育来说是一次千载难逢的机会，也是乡村教育发展的历史机遇。当下乡村教育要突围，突围之路在何方，应该是我们思考问题的关键所在。乡村教育的突围之路，我认为一不是硬件设施，因为城乡义务教育均衡发展的政策让乡村学校在硬件设施建设上已经提升了一个档次，乡村教育发展只要是钱能够解决的问题，都不算是根本性问题；二也不在乡村教师队伍建设上，乡村教育发展的关键在师资，但这并不是制约乡村教育发展的根本性问题，国家支持乡村教师发展计划中通过城乡教师交流轮岗、特岗教师计划等措施，乡村教育的师资问题在不久的将来会迎刃而解。那么，乡村教育的突围之路究竟应该指向何方呢？我认为乡村教育的突围之路应该在乡村学校的定性问题和办学理念上。乡村学校的定性一定要姓“农”，乡村教育如果跟着城市跑一定赢不了。乡村学校的办学理念一定要根植于乡土文化，乡村学校不要用城市的办学理念和标准来衡量自己，不能被城市教育所绑架。只有让乡村学校发挥乡土资源优势，办出乡土特色，这才是乡村教育正确的发展方向。

乡村教育的突围之路一要在办学理念上发挥乡土优势。

当下城镇化的时代步伐不可阻挡。但是，城镇化并不意味着乡土中的一切都是落后的，更不意味着要抛弃乡土中的一切。教育关乎人的成长，燃灯续火，传承文明，要守住精神根基，续接优良传统。择善从之，方能继往开来。从中华文明传承的角度，从教育的角度，从培养人的角度，乡土能够为教育提供多方面的精神养料。

当前教育界都在热议学生核心素养一事。无论学生核心素养涵盖哪些内容，我认为如果学生没有中华文化的精神底色，没有一种家国情怀和爱国爱家乡的情感，其他的素养那都是无根之基。让学生长大之后看得见山，望得见水，记得住乡愁，乡村教育就有着独特的优势。

其一，乡土是人情感教育的宝库。相对城市钢筋与水泥的牢笼而言，乡村有丰富的情感教育资源。乡村自有乡村的特点，变换的四季、无垠的田野、清新的空气、飘香的稻禾，还有朝露的晶莹、河水的清澈，鸢飞鱼跃，鸟语花香，那是在城市的混凝土森林中难以寻觅到的。“榆柳荫后檐，桃李罗堂前”，是陶渊明安顿身心的农村人家。“绿遍山原白满川，子规声里雨如烟”，是翁卷眼中的农村胜景。“一庭春雨瓢儿菜，满架秋风扁豆花”，是郑板桥笔下的农村生活。只要拥有一颗热爱自然、热爱乡土的心，我们随处都能发现乡村的诗意和美好。这就需要我们把发现乡村的美，融入平时的教育教学中。我所在的支教学校在校园布局上提出了“四园一基地”的规划理念。“四园”即静思园、珍果园、揽翠园和丝雨园，“一基地”为学生学农基地。校园里仅有的一座三层的小楼，那是教学楼。它坐落在绿树环抱之中，以教学楼为中心的一片区域称为静思园，意为学生读书学习静思成长之意。教学楼西侧一方空地栽有李子树、桃树、葡萄树等果树，取名珍果园，既有桃李满园之寓意，又有珍果培育之内涵。揽翠园以学校餐厅为中心，开辟了大小不同的菜地，一畦绿油油的韭菜，一席翠色欲滴的菠菜，一汪青青小白菜构成了揽翠园的风景。教学楼西南角则安置了百叶箱、气象观测站以及雨量器等，这是为学生观测记录天气而设置的一方空间，取名为丝雨园。基地建在学校最后面一方比较开阔的空地上，老师利用这一基地不仅可以根据二十四节气时令引导学生进行种植，学习农耕文化的内涵，而且基地里面还饲养有白鹅、鸭子、芦花鸡和几只长毛兔。基地里的这些小动物由各个班级轮流饲养，这里不仅成了农学基地，更成了培育学生责任心的爱心基地。学校三季有花，四季常绿：春天芳香四溢，菜苗青青；夏天满目苍翠，莺歌燕舞；秋天丹桂飘香，硕果累累。学生在校园中、在乡土气息中体验生命的轮回，感受四季的变换。一方水土养一方人，陶冶思想情操要沐浴自然风华，接受乡土人文的熏陶。乡村这方土地成了学生情感的宝库。

其二，乡土是生活教育的实践基地。作为从农村里走出来的我，很多成长记忆都与乡村生活有关。农忙时节，帮助大人割过麦子，打过麦场。农闲时，跟着父母学种菜，翻地、浇水、锄草、捉虫，呼前跑后，兴趣盎然。童年回忆中更多的是和村里的小伙伴成对结伙，上树摘果子，下水摸鱼虾，三伏天背着大人偷偷到小河里游泳，偷偷到田地里顺几个未成熟的甜瓜或几个青涩的苹果。那时的童年生活丰富多彩，不到日暮唤不回，晚上还会经常借着月光和小伙伴做游戏。如此种种，既有劳动的辛苦，也有游戏的快乐。在乡村的广阔天地里，强健体魄，锻炼品格，学到了许多课本上学不到的东西。乡村仍是广大乡村儿童赖以生存的环境，从中学到的诚实勇敢、吃苦耐劳、团结友善等为人处世的意志品质，持久地驻扎在孩子们的心头，成为了品质的根基。在做中学、在玩中学，乡村生活教育增加实践历练，弥补学校教育短板。农村学校置身乡土，师生都来自乡土，丢掉乡土之基，斩断与乡土的精神脐带，必会成为精神上无根的人。根深才能叶茂。乡村教育要植根乡土，从丰富的乡土资源中汲取有益的精神养料，才是正确的发展之路。

乡村教育的突围之路二要在课程设置上挖掘乡土资源。

面对城乡教育失衡问题，国家越来越重视乡村教育。但即便如此，城乡教育的差距，特别是学校教育质量与内涵管理的差距依然存在。要打破这一窘境，必须扭转城乡教育同质化发展的错误倾向。而立足农村教育实际，充分发挥农村教育的潜在优势，着力办好具有农村特色的优质教育，不失为破解农村教育困境的重要途径。农村教育最大的优势是乡土资源，而这恰恰是城市学校无可比拟的。教育的外延与生活的外延对等，“生活即教育”“社会即学校”。乡村学校置于绿水青山之间，学生可以自由呼吸新鲜的空气，享受田野的芬芳，探访自然的奥秘，感受乡土的气息。这样的生活环境，为学校设置各类课程提供了最直观、最真切、最生动的素材。农村学校要正视城乡差距，通过扬长避短实现自身长足发展。一方面，依托乡土资源，实现乡土课程与文化课程的有效衔接，让学生在乡土文化中感受传统田园文化和农耕文化的魅力，通过一系列社会实践活动，让学生对书本知识产生更深刻的体验。另一方面，可以让学生通过网络了解外面的世界，感受城市的现代文明。这种对乡村文化的体验与融入是城市学校难以企及的，是农村教育的优势所在。

早在1926年，教育家陶行知就提出：“中国乡村教育走错了路！他教人离开乡下往城里跑，他教人吃饭不种稻，穿衣不种棉，做房子不造林。他教人羡慕奢华，看不起务农。他教人分利不生利。他教农夫子弟变书呆子。”这段论述时隔近百年，仍然振聋发聩、让人警醒。时过境迁，如今的城乡结构发生了翻天覆地的变化，乡村教育培养的人才并不一定非要回到乡村。但是通过乡村教育培养学生对乡村的情感，培养其综合素质与能力，让农村孩子不至于与城市孩子的成长产生较大的差距这一问题，必须得到充分重视。农村教育不是让农夫子弟变书呆子，不是培养考试的机器，而是培养适应未来社会的高素质综合型人才。这是党的教育方针的导向，也是素质教育的理性诉求。苏霍姆林斯基曾在他的学校组织丰富多彩的课外小组，诸如少年植物栽培家小组、育种小组、园艺小组、动物小组、机械化小组、电工小组等，他通过一系列小型劳动集体，为学生提供丰富的智力生活，尽可能地发展每一个学生的才能和爱好，为每一个学生找准发展的方向与目标。这种教育在今天看来就是真正的素质教育，有充足条件与先天优势的乡村能够开展这些素质教育活动。

朱家角小学是江南千年古镇朱家角镇上的唯一一所小学，办学源头可以追溯到1908年（清光绪三十四年），这所百年老校是一所典型的乡村学校。学校的办学理念来自于当地的“课植文化”，在古镇上有一个课植园，这里是课植文化的发源地，这所园林式的建筑园主姓马，始建于民国元年（1912年）。园取以“耕读”之意，题名“课植”，意思就是读书与劳作生存相结合。朱家角小学就充分挖掘了这一乡土资源，赋予了“课植”新的含义：读书与实践。学校围绕课植文化，开设了“传承江南船拳”“学做古镇导游”“探寻古镇文化”“品味古镇艺术”“寻访朱小印痕”等具有学校特色的课植文化系列课程。学生活动丰富多彩，在教师的带领下，学生在古镇写生摄影、欣赏石碑，在古镇的每个角落留下了孩子们成长的足迹，学校还多次与国际学校的师生进行交流活动。古镇的这一乡土文化资源成为学校的办学特色。

乡村教育的突围之路三要在传统文化上做足文章。

我国的传统文化有着悠久的历史烙印，也富有独特的东方文化气息，然而传统文化的根大多在乡村，因而乡村教育就有了独特的教育资源和优势。其中在传统文化中，我国的劳动人民在长期的农业生产和日常生活中形成了丰富的文化——“农文化”，这就是一种重要的资源。农文化不是所谓的落后文化，而是中华民族生生不息的精神财富，这是中国的乡土文化，乡土中国的特色。当下村级校点撤并，使很多孩子从小学开始就住校或坐校车奔波在路上；进入学校后，国家统编教材内容与乡村生活相关的并不多。这样的原因导致乡村孩子远离传统文化，远离了农文化。当下国家提倡传统文化教育，乡村学校在这方面就有了得天独厚的优势，乡村学校可以充分挖掘乡土教育资源，主动探索农文化传承的路径，让学生享受传统文化的滋养，以达到培养学生具有家国情怀的目的。

乡村生活本身就是一部校本教材巨著，自然和人文资源极其丰富，农文化中热爱家乡、吃苦耐劳、心灵手巧、淳朴真挚等优秀品质都是乡村学校可以不断开发的教育资源。学校一方面可以编写学科拓展教材，如乡土语文读本、乡村历史读本等；一方面可以结合农业生产开发课程，如蔬菜种植、家禽防疫、农村防火与自救等。学生在亲身体验中深刻了解家乡的风土人情、山水草木，这样才能真正建立起爱家乡爱人民的情怀。将来长大以后，无论走到哪里，家乡都是他们灵魂的归处。传统文化教育不是喊在嘴上的事情，应该是通过课程让学生融入到学习中的事情。乡村学校学生扎根于乡土，传统文化的传承也就有了基础。

乡村教育要突围，突围的方式要与乡土文化紧密结合，充分发挥乡村教育资源优势，这才是乡村教育的发展方向和突围之路。

（原文发表于《中小学课堂教学研究》2017年第7、8期合刊）

朴素是乡村教育一种别样的美

农历春节的味道渐渐远去，再次踏上支教学校的道路，几件闹元宵使用过的道具散落在村庄道路两旁，似乎这些道具还残留着春节的味道。我喜欢乡村的这种平静，在这样的环境里身心才得以舒展；我喜欢乡村的这种朴素，在这样纯朴的文化中才会体会到自然的纯美。朴素在我眼中是一种别样的美，而这种别样的朴素美在乡村中可见、可感。

我想，乡村处处彰显朴素之美，乡村的教育一样可以展现朴素的美。朴素教育，应该是本色的教育、本真的教育，这样的教育最接近人的本性和根源。它不在于过多的包装与喧哗，而在于让教育回到基本的人性教育。教育就是育人，不同的教育选择的育人途径不尽相同，但终极目标却是一致的。我想乡村教育的出路更应该就地取材，接乡村地气。朴素教育就应该成为乡村学校靓丽的名片。乡村教育无需效仿城镇教育，追求所谓的高楼、所谓的现代化的教学设施。乡村教育要坚持乡村教育的特点，寻找适合自己的路径，办适合乡村儿童特点的教育。不只是教育，所有的事物都一样，只有适合自己的才是最好的。别人优质的东西，我们可能感觉水土不服。乡村教育，朴素就是一种别样的美。

我一直认为，最美乡村学校应该具有乡土的味道、乡土的情感、乡土的风骨。试想，当农民们拆掉老房子，盖起一座座小楼的时候，如果一所乡村小学仍然保留当地具有特色的建筑风格，传承当地文化，那一定是一道独特的风景线。乡村相对来说土地资源较为丰富，不一定都需要把教室都建成楼房，教室是平房也没有什么不好。平房既接地气又方便孩子们课间游戏，同时也减少了许多安全隐患。朴素的建筑、朴素的平房反而是一种优质的教育资源。教育质量的高低，是否能够起到育人效果，不在于大楼，而在于有没有先进的教育理念和高水平的教师，就如同有人说“大学不在于大楼，而在于大师”是一个道理。而如今乡村小学已经难觅平房教室的踪迹，校园里也建起了高楼，学校建设得越来越高大上，只是这样的建筑与周围的环境有些格格不入，显得鹤立鸡群。再从使用情况来看，且不说教学楼里面陈旧的教学思想和理念，单说教学楼的配套设施就让人有些汗颜。记得一次去一个乡镇学校听课，教学楼是四层的建筑，从外表看应该算得上是整个乡镇的标志性建筑物，可是教学楼里的配套设施没跟上，教学楼里面没有卫生间。学生需要到教学楼外去上厕所，课间十分钟学生要想去趟厕所时间就非常紧张，学生一路小跑时间都不一定够用。这样外表高大上但不实用的大楼在设计的过程中没有考虑到学生的实际需求。我想这样的乡村学校还是朴素一些好，教育质量决不取决于外在的表象，而在于办学的内涵。同样我也走到了另外一所乡村小学，这个小学校园的一角有一个小小的池塘，用栅栏围着，里面养了几只大白鹅，课下看到有同学带着菜叶来喂食，这样的场景在校园中是那样的自然，那样的和谐。让教育回归自然，回归日常生活，这才是教育的本真。朴素的校园、朴素的教育同样能够育人，乡村教育同样能够育栋梁之才。

朴素的乡村教育，践行的是一方水土养一方人的道理，乡土文化、家国情怀是乡村朴素教育的根。我曾提到过乡村教育的课程应该乡土化，提到过让学生参与种植课程，循着自然规律一同来感知生命的成长，这将是乡村学校所独有的课程资源。我看到有些乡村学校将本地的非遗文化引进课堂，“吕剧”学生学得有模有样，“老汉摔跤”等传统文化课程开设得有滋有味。这里虽然没有城市学校的精良设备和现代化的设施，但这里同样有孩子们求知若渴的眼神，同样有孩子们爽朗的欢声笑语，同样有孩子们幸福的童年。这样朴素的乡村教育是自然的、和谐的，在这样的学校生活中成长起来的乡村孩子，对学校会留下深刻的记忆，对自己的童年生活会留下深刻的记忆，对自己的家乡会留下深刻的记忆，家国情怀便在这样的孩子心中扎下了根。

无论教育是朴素的还是华丽的，无论在乡村还是在城市，只要学生喜欢、教师热爱、乡村需要就是好的教育。其实，从另外一个角度来讲，朴素的乡村教育正因为朴素而自然，正因为自然而与国家倡导的绿色、协调发展的理念更加接近和吻合。

原文写于2016年2月29日

“输血”质量是支持乡村教育的关键

自从国务院在2015年6月发布《乡村教师支持计划（2015—2020年）》以来，各地也积极出台相关计划。近日，山东省人民政府办公厅关于印发山东省《乡村教师支持计划（2015—2020年）》实施办法的通知，从着力提升乡村教师思想政治素质和师德水平，健全完善乡村教师补充机制，完善城市乡村校长、教师交流机制等八个方面提出了支持乡村教育发展的主要措施。计划中尤其提到了通过完善城乡校长、教师交流机制和改革完善乡村教师培养模式来提升乡村教师队伍整体水平，其中就乡村教师培养模式提出了完善师范生定向培养、启动免费师范生全科教师培养计划两项举措。

从计划内容来看，通过提升乡村教师队伍素质以达到提升乡村教育质量的目标是切实可行的。培养一批“下得去、留得住、教得好”的优质乡村教师队伍，是发展乡村教育的关键。纵观以往对乡村教育的支持，多半停留在帮扶层面，往往是一种“输血”的短暂供给。在山东省出台的计划中，提出两项重要措施，一是鼓励城乡校长和教师到乡村支教，二是计划2016—2018年培养1000名“一专多能”的全科教师，虽然在一定程度上也是“输血”的思路，却是能够均衡城乡教育的有力之举。至于能否达到预期的目标，我认为“输血”的质量是关键。

支教方式的“输血”质量高低，关键看教师的能力。计划中提出城市学校校长和教师到乡村学校交流轮岗，许多地方也制定了相应的政策与措施，但在实践中也存在较多的问题。当下阻碍教育现代化进程脚步的不仅是乡村教育这一个短板，城镇学校大班额的问题也十分突出。学校规模大，班级人员数量超标，教育教学质量难以提升，这也是实现教育现代化的困难点之一。再加上女教师一般是中小学教师队伍的主力军，在二孩政策放开的大形势下，学校在人员配置方面也将面临捉襟见肘的局面。并且近几年随着城市化进程的推进，城镇学校规模急速扩大，大量新教师涌入，培新的任务相当繁重，甚至在一定程度上稀释了学校原有的教学质量。因此，当下城镇学校同样也面临着发展的困境，在这种情况下派出去乡村交流支教的教师，估计不会是在教学业务与能力上顶尖的教师，即便派出的是骨干教师估计也必须两边工作兼顾。迫于制度要求，迫于业务发展需要走到乡村支教队伍的教师往往“身在曹营心在汉”。不专业、不专心、不专注就不会产生好的支教效果，这种支教方式的“输血”质量削弱了对乡村教育帮扶的效果。可喜的是，在计划中要求一定数量的特级教师、名师进行支教、送教下乡，我觉得这是有效提升“输血”质量的关键。支教教师首先自己业务能力要强，方才能够带动一个学科，拉起一支队伍，闯出一片课改天地。支教教师从一定程度上来说起着催化剂的作用，用一种思想引发一种化学效应，改变一方教育的现状，这样输入的血液才具有价值。如果支教教师能力一般，业务平平，将很难认同支教学校办学理念，业务上扎不下根，当然就无法引领支教学校发展。支教教师本身反而会因为水土不服，让自己的业务水平停滞不前，不仅最后使得自己成为匆匆过客，而且还会让交流轮岗或支教制度空转。为此，支教方式的“输血”质量关键在于支教教师的能力。

全科教师培养方式的“输血”质量关键在于对优质生源的吸引。我们从乡村教师的现状进行分析，就会发现乡村教师待遇低、职业认同感较差、实现自己的人生价值希望渺茫等，这是乡村教师流失的关键因素。当下，提升乡村教师队伍质量，我认为不在于培训多少名学生做储备和补充，关键在于让乡村教师这个职业变成一份比较体面的社会职业，无论是待遇还是专业发展、人生价值的自我实现方面，都要获得社会制度的保障，让乡村教师这个称号获得较高的社会职业认同感。只有一份体面荣耀、能获得自我提升和社会认同的职业，才能吸引高水平、高素质的毕业生来报考。报考师范类的生源素质提升了，今后的乡村教育质量才能够提升。随着社会的发展，一个多元化的时代出现在我们面前，同时我们又处在一个“大众创业、万众创新”的时代，大家的就业机会大大增加，如果一份职业不足以用它的价值来吸引生源，这样的专业还会有谁来报考？我们可以看看当下是谁在选择当教师，是谁在什么情况下选择当老师，就会明白教育质量的提升为什么困难重重了。还记得当初我们报考师范学校的时候，是毕业生中优先报考，提前录取。实践证明，优秀的毕业生大部分走进了师范院校，当十几年过去之后，当年师范专业毕业的学生如今在教学岗位和教育管理岗位都挑起了大梁。乡村教师队伍输送新鲜的血液关键不在于数量，而在于质量。

我期待在支持乡村教师计划实施中，高质量的“血液”会源源不断地流进乡村教师队伍，只有这样，有效提升乡村教育质量才指日可待。

原文写于2016年1月11日

课程是乡村教育改革的突破口

课程是一所学校教育的总和，是实施育人的主要载体。当下在立德树人的教育理念下，培养学生的核心素养，如何构建适宜的课程体系是各个学校改革的关键点。乡村学校更应该构建属于自己本土特色的课程体系，作为乡村教育突围的突破口。如今有些乡村学校的课程改革陷入了误区，盲目地学习推广城镇学校的课程体系，因为课程体系的建设脱离了乡村教育的实际，远离了乡村教育的乡土文化气息，所以导致乡村教育的课程改革走入了歧途。乡村教育的突围必须要进行课程改革，然而乡村教育的课程改革必须从国家根本教育任务出发，以各个学科的课程标准为基点，构建根植乡村文化的课程体系。乡村文化是乡村学校拥有的独特课程资源，这不仅是乡土文明的根源，也是乡村教育的灵魂。只有构建适合乡村教育发展的课程体系，才会唤醒乡村学生的自信心和生命力，这也是乡村教育课程改革的必由之路。

国家课程的乡土化改造。当前我们国家推行的课程改革，无论是东部发达地区还是西部偏远山区，无论是一线城市还是贫困的乡村，都是一套方案。尽管国家课程设置提出了三级课程体系，但80%的国家课程内容统筹还无法适应我国差异较大的教育实际。要想让国家立德树人的根本任务得到较好的落实，让学生的核心素养得到真正的培养，我认为必须构建基于本土实际的课程体系。这样的课程体系要基于国家课程标准，结合本土实际进行国家课程的校本化改造。作为乡村教育，我认为，应该将国家课程与乡村生活进行融合，国家课程的校本化改造要体现乡土特色，也就是国家课程的乡土化改造。

记得读过这样的一篇文章，文章是由一位支援西部教育的志愿者所写。内容是教材中教学面积的知识，题目大意是让学生计算用方砖铺设一个会议室需要多少方砖，另外一题目是铺设一游泳池。当时志愿者在教学中遇到的尴尬就是，这里的孩子根本不知道什么是方砖，他们也没见过方砖铺成的会议室，更不知道游泳池是什么样子，他们只了解自己洗澡的地方是一个水塘。这样的教育问题其实就是课程的问题，同样的知识教学为何不更换这里学生了解的素材呢？为何不与孩子们的生活实际紧密结合起来呢？作为乡村的孩子，学习面积的知识如果和种植相关联的话，他们一定会熟悉并且感兴趣。如果课程进行这样的乡土化改造，国家课程标准没有变，但知识却与学生的生活实际发生根本性的联系，在课程乡土化改造的过程中融入家乡的元素，不仅更有利于学生的学习，而且让课程更加具有特色。

乡土资源的课程化。农村教育最大的优势是乡土资源，而这恰恰是城市学校无可比拟的。将乡土资源课程化作为自己办学特色，已经成为不少乡村学校办学特色的突围之路。前面文章中提到的江苏行知小学的荷文化就是开发乡土资源课程化的典范。近日又从报纸上读到，在海峡彼岸的台湾地区，由于少子化的问题，地处偏远的小学也有着生源逐年减少的困扰。台湾台东县关山电光国民小学是其中规模较小的一所，学校幼儿园加小学的学生人数总共才30出头，并且90%都是阿美人，曾经面临着被裁并的危机。在这种情况之下，他们将特色文化融入课堂，发展学校特色教育，摸索出了一条行之有效的课改之路。从2005年到2009年，学校的打击乐、环境教育等都与当地的特色文化息息相关。学校还请一些艺术工作者绘制了25幅连环图，取材于学校教师带领学生收集的一些阿美人的历史故事。这一乡土资源的课程化使得学生在学校成立的阿美乐团中学会了一项属于自己民族传统的乐器，从而让他们变得很有自信。

时下正是收获蒜薹的时节，前几天从新闻上看到，作为大蒜之乡的广饶县花官镇中心小学，做足了这一乡土资源的课程。他们让学生回到田间地头参加劳动实践，为来自城市里的孩子讲解有关的知识，让孩子们在乡土特色的资源中找到学习的快乐，培养各方面的能力。当地这一乡土资源的课程化，不仅折射出乡土文化的浓浓气息，更让孩子深化了对家乡的感情。乡土资源作为乡村学校特有的资源，将其转为学校的课程优势资源，是乡村学校的振兴之路。

乡土课程的特色化。作为乡村教育不应该与差和弱挂钩，反而要因地制宜，充分发挥自身优势，走乡村特色之路。我一直秉承乡村教育姓“农”的观点。这也应该是乡村教育鲜明的特色之处，要让乡村教育的个性化更加鲜明，就必须走一条特色化鲜明的课程之路。乡村学校要善于开发乡土课程，让乡土资源课程化，作为乡村学校还要有特色化的意识，让乡土课程特色化。当然，不是将现成的资源移植到课堂上就是课程、就是特色。我们要从课程育人的角度出发，研究这些资源的价值和意义，制定出课程的目标。根据学生的学习能力和认知能力构建适合学生的课程内容，在此基础上制定切实可行的课程实施方案，最后要设置相应的课程评价，形成一套我们一线教师边实践、边完善，边研究、边提升的课程体系。在此过程中，让这些具有乡土气息的资源首先课程化，然后再让这些乡土课程特色化，乡村教育就会焕发出自己独有的生命力。

课程是育人的总和，育什么样的人就需要什么样的课程体系，乡村教育的突围，首先要实施国家课程的乡土化改造，进而积极挖掘自身的乡土资源使其课程化，在此基础上构建乡土课程的特色化，乡土课程就会成为乡村教育突围的可行之路。

原文写于2016年5月15日

校长是乡村教育突围的领军人物

校长，应该具有高度的专业化水平，是一个应该由教育专家担任的职业，我一直这么理解校长这一职务和角色。江苏、浙江、上海学校校长的专业化程度较高，为此他们的教育就发展得较好，这也印证了我的观点。在某些教育欠发达的地区，校长这一职业是行政化的产物。行政化的校长大多对教育缺少理解，对教学没兴趣，对课堂没研究。因为是行政领导，精力自然就会用到行政事务上，迎来送往、检查接待、会议安排、事务处理、关系协调……因为是行政校长，忙了行政，荒了业务，他们距离教学一线越来越远，善于用行政的眼光决定业务上的事情；他们距离课堂越来越远，善于用行政的手段定夺课堂的事宜；他们距离学生越来越远，善于用行政的理念落实教育的策略；他们距离教师越来越远，善于用行政的眼光看待教师的专业发展。为此，这样的学校在行政校长的带领下距离教育规律越来越远，不遵循教育规律的学校何谈提高教育质量，当然就更无法谈及教育的现代化了。

作为乡村学校的校长似乎经历了几个阶段的转型，一是生产队长式的校长阶段。校长如同生产队的队长，上级安排什么，就领着学校老师干什么。上边要分数，下面教学工作就以分数为中心，起早贪黑、加班加点。校长只要肯吃苦、肯流汗就能干好工作，既不需要思考学校发展的方向与特色，也不需要思考教育的目的。肯干就是好校长，生产队长式的校长需要的是务实的行动，对教育的思考没有过多的要求。接下来一个阶段，很多校长走向了事务型。随着社会的发展和教育的推进，学校办学经费出现了紧张状况，学校的设施出现了供不应求的局面。于是校长开始忙着找关系，觅资金，拉赞助……一时间学校硬件设施得到改善，办学条件得到提升，学校就会成为优质学校，校长自然也就成为优秀校长。今天我们回头来看这两个阶段的校长所干的事哪一样应该是校长专业范畴里面的，好像根本就没有，然而最应该由校长干的事却一件都没干。

要改变学生，必须先改变课堂；要改变课堂，必须先改变教师；要改变教师，必须先提升办学理念；要提升办学理念，必须要有专业化的校长。当下，教育要实现立德树人的根本任务，要培养具有适应未来社会关键能力和必备品格的学生核心素养，教育要实现现代化对学校教育提出了新的要求，对校长也提出了具体专业化的标准，这也就要求校长要迈入第三个发展阶段，校长要思考办学方向，校长要思考如何育人，校长要具有课程领导力，校长要抓住课堂教学和教师专业发展这两个核心问题。

我所在的支教学校，校长走过的教育之路似乎也同样经历了这样的几个阶段。校长黄金强，大家都亲切地称呼他为老黄。其实并不是因为黄校长年龄大，而是一种亲切的称呼。黄校长年轻而帅气，七零后，个头一米八零，身材魁梧，一表人才。来到支教学校接近一年的时间，除去工作上的汇报和交流，还真没有来得及和黄校长坐下来聊聊他的校长史。在这个春光烂漫的时节，我们共同拥有了一段彼此交流的时间。漫步在校园，校园里花团锦簇，引得蝶飞蜂舞。无论师生是否留意它们，各种鲜花就是那样旁若无人、肆无忌惮地吐露芬芳，竞相展示着春天的美。黄校长自豪地跟我说，春天校园里一共有十二种花，从早春一直开到初夏。春天是校园最美的时节，师生沉浸在校园里的花香中是一种美的享受。从黄校长自豪的眼神中可以体会到，他对这里一草一木饱含真挚而深厚的感情。

在交流中得知黄校长自从任职以来，和老师们加班加点追逐过成绩，也带领老师们铺过广场，整修过道路，硬化过校园；植过树，栽过花，美化过校园；如今提出了体验教育的办学理念，进行课程的开发并付诸实施。黄校长带领老师们一步一个脚印地踩出了希望小学的办学之路。听黄校长讲述他的校长成长史，就仿佛看到了一部乡村教育的发展史，又仿佛看到了叶圣陶老先生办学的思想和身影，更让我感受到的是黄校长身上正在积蓄着乡村小学的突围之力。

2009年踏入希望小学接受任命的黄校长，正逢乡镇中心小学以高大上的形象落成并开始招生。中心小学的落成不仅对片区学校招生造成较大的影响，而且对师资队伍也造成了重创。中心小学在全镇抽取骨干力量，希望小学几乎被抽走了所有的中层和骨干教师。留给刚刚上任的黄校长就是这样一个招生困难的局面和一支人心涣散无战斗力的师资队伍。面对如此的困境，年轻气盛的黄校长并没有退缩，他认准了一个理：学校的问题就是人的问题，人的问题解决了，特别是人的思想问题解决了，人心齐了，什么样的困难都不是困难，什么样的问题都会迎刃而解。面对人心涣散的这支队伍，如何凝心聚力，黄校长动了心思。作为校长此刻思考的重点不是如何规划教学，而是要凝聚人心，拉起队伍。乡村教师勤劳、质朴是天然的本性，吃苦耐劳是特有的品质。也许这些品质不一定都能够在课堂中表现出来，但是这些优秀的品质一定得需要激发出来，只有人的内心激活了，队伍也就有了凝聚力。为了激活这支队伍，黄校长选择了暑期校园提升工程。

目标是为了给孩子创造优美的学习环境，提升校园品位，实则是利用暑假锻炼队伍，凝聚人心。伴随着暑假的开始，这群教师的身份发生了转变。老黄变成了包工头，男教师变成了技工，女教师变成了小工，身体柔弱的老师就变成了后勤保障人员。从设计到购买建筑材料，从图纸绘制到施工，本身就生活在农村的这些老师，样样都不含糊，干得有模有样。铺砖、砌墙、挖下水道、埋设管线、铺设电缆、挪移变压器，整整弄了一个暑假。校园整体面貌改善了，老师们晒黑了，变瘦了。其实这是外在，更具有意义的是通过这样一场为孩子创造优美学习环境的奋战，凝聚了人心，激活了队伍的内动力。在共同的劳动中，教师们之间的隔阂消除了，在劳动中相互协作凝聚了力量，在共同的劳动中拥有了共同的目标。自己流汗换来的成果，让所有的老师都有了认同感，找到了家的归属感。自己亲手改造的校园，就像自己抚养的孩子一样，充满了浓浓的感情，这里有你的一个创意，那里曾在施工中留下过什么美好的回忆。学校就是家，没有人不爱惜它，没有人愿意拖后腿。人心齐了，也就没有任何的困难了。第一场人心战，利用一个炎热的暑假，就这样被老黄打赢了。赢得了人心，所有的工作就会得以顺利地开展了。那个炎热的暑假成为了所有教师美好的回忆，至今他们走在校园里都会清晰地记得哪棵树是自己栽的，哪块方砖是自己铺的。

接下来黄校长走入了第二场战役之中，他和大伙拟定了一个五年计划，学校要发展就得有目标，有发展愿景。当年的第一个五年发展目标在学校门厅里还有清晰的痕迹，今天再对照当年的愿景看，目标都已经实现了，并具有了超越性的发展。随着教育的发展以及国家“十三五”规划的出台，尤其是国家教育政策顶层设计的实施，以及国家乡村教师支持计划政策的落实，给乡村小学的发展带来了新的历史机遇。乡村教育要突围，校长要作为。在新的历史机遇下，黄校长对希望小学的发展注入了新的内涵，确立了新的目标。学校将以体验教育为发展理念，构建具有乡村文化特点的体验课程，努力构建以学生为本的体验课堂，以落实立德树人的根本任务，培养学生的核心素养为出发点，让希望小学向着小而美、小而优且具有乡村特色的现代化方向发展。

原文写于2016年4月15日

政府要精准发力于乡村教育

2016年5月6日，天下雨了，正值小麦灌浆的关键期，乡民喜上眉梢，料定今年又有一个好收成。天不仅下雨，而且还打雷，电闪雷鸣。这样一个天气对于我支教的这所学校来说，并没有多少喜雨的欢乐，因为那道闪电，那声闷雷，让学校陷入了一片漆黑之中，学校停电了。停电不可怕，可怕的是设备的损毁而造成的停电。乡村学校就怕花钱，然而怕啥来啥。

学校的变压器被一道闪电击中，烧毁了。这对于支教的乡村学校来说是一个不小的损失。乡村学校生源人数较少，相对的人均共用经费就少，然而有些支出并不是因生源多少而决定。学校每年的经费支出，作为校长精打细算，力求节俭。如遇此事，这种不可预算预支的费用往往会让学校经费开支捉襟见肘。今天这道闪电又让学校背负上了数万元的经济负担，关键是在当下的财务制度下没有预算不予列支，没有计划不予支出。可是让谁做学校预算也不会算到哪天下雨雷电会击中学校的变压器。另外学校价格超过一定数额的设备都需要走政府采购的渠道，当下学校就漆黑一片，更重要的是学生的午饭因停电而无法解决。如果等待报告审批经费，政府采购程序走完估计需要几个月的时间，那时候学校早就该放暑假了。社会需要规则，只有规范才会有序，但也需要应急政策到位。对于乡村学校教育的突围，政府要作为，要根据乡村学校的实际困难精准发力，这仅仅是乡村学校办学路上发生的一幕。乡村教育的突围，需要政府层面扫除办学路上的障碍和困难，让校长、教师免除后顾之忧，精心研究教学，专心钻研业务。

社会层面要作为，学校更需要自身顽强的生命力，这恰恰是乡村学校所独有的特质，相对社会上某些官员怕担事不做事的思想，作为学校来说，既等不起也靠不起。乡村学校校长具有更强的责任心，不抱怨，不等待，遇事扛得起，担得下。当学校发现雷电击毁变压器后，校长首先想到的是孩子们的中午饭怎么办，无论如何得想办法解决电的问题，于是一边向上级汇报、请示，一边想办法积极联系电力部门。其实后者才是解决问题的关键所在。设备、维修费用等像这样的支出乡镇财政是无法列支的，可是学校等不起。无论如何都得先想办法解决问题，这就是对乡村学校校长的考验。

当天的午饭学生们吃得比较简单，只有馒头和咸菜。就是这也让负责餐厅工作的老师有些手足无措，临近午饭时间菜是无论如何也无法解决了，馒头的问题也是联系了好几家馒头房，才算是落实了孩子们能吃饱、能吃上热馒头的基本保障，至于菜只能是应急的腌菜了，就连想办法为孩子提供热水都是一种考验。学校一边解决学生的午饭问题，一边联系维修事宜。设备修好了，可是概不赊欠，现场付款。作为校长，此时也只有垫支的招了，并且是个人垫支。就这样经过一天时间的抢修，学校恢复了供电。当校园里重新明亮起来的时候，孩子又吃上了可口的饭菜，可他们哪里知道整个过程中校长所费的周折，其实不只是学生，就是没有经历过的教师，也难以体会其中的难处。

第二周再问及维修资金落实的问题时，官方仍然没有回复。此事不禁引发了我对当下乡村教育的思考，乡村教育要想突围，政府提供的保障是最基础、最根本的，如果依然让校长像过去一样挣扎在为办学资金东奔西跑的道路上，如何能够精心研究教育教学，如何带领广大的乡村教师专心地培育学生。乡村教育要突围，必须解决困扰学校发展的各种困难和瓶颈，作为政府要精准发力，有所作为。

原文写于2016年5月18日

乡村教育的动力源

5月6日，教育部、人力资源和社会保障部发布了《关于做好乡村学校从教30年教师荣誉证书颁发工作的通知》，决定自2016年起，组织开展“乡村学校从教30年教师荣誉证书”颁发工作，以提升乡村教师职业荣誉感，宣传乡村教师坚守岗位、默默奉献的崇高精神，在全社会营造关心支持乡村教师的浓厚氛围。

通知指出，荣誉证书颁发对象为在县以下（不含县城所在地）乡镇和村庄学校任教年限累计满30年的正式在编教师。在岗和离退休教师均纳入颁发范围，2015年12月31日前已去世的不再颁发。在乡村学校教学一线任教满30年的学校管理干部，符合条件的也纳入颁发范围。任教年限指在县以下（不含县城所在地）乡镇和村庄学校从事教育教学工作的累计周年数。其中，间断后继续从事乡村教育教学工作，前后任教时间合并计算。经学校或主管部门批准，带薪到各级各类学校和培训机构学习的教师，学习结束后继续从事教育教学工作的，其学习的时间可计算为任教年限。退休教师任教年限计算截至离退休年月。荣誉证书由教育部、人社部统一印制，以两部委名义联合颁发。获得荣誉证书的教师，其“乡村学校从教30年教师荣誉证书登记表”由省级教育、人社部门返还，存入个人人事档案。

这一周支教学校里大家讨论最多的就是关于“乡村学校从教30年

教师荣誉证书”事宜，这对于乡村教师来说是件大事，更是一件喜事。这所学校符合条件的并且现在仍然坚持站在教学一线的老师有十几人，这一政策对于在讲台上走过30个春秋的老教师们来说，就是他们的精神福利。

这一政策是落实《国务院办公厅关于印发乡村教师支持计划（2015—2020年）的通知》实实在在的举措，可以说这是一份乡村教师的精神福利。从关注乡村教师待遇到关注乡村教师精神激励，这是教育发展的新进步，也是关注乡村教师、尊重乡村教师的再进步。李克强总理在今年的政府工作报告中说：我们既要让人民的物质生活更殷实，又要让人民的精神生活更丰富。殷实的物质生活、丰富的精神生活，是人生的幸福向往和美好追求，也是成为马克思“自由而全面发展的人”的基本前提。提高乡村教师的福利待遇、增加工资、职称倾斜，这是实实在在的物质福利；颁发证书、授予荣誉，是对乡村教师的精神鼓励和支持，同样是实实在在的精神福利。策划、推出乡村教师荣誉证书的背后，是国家在用心、用情、用力，向辛苦工作、敬业奉献、默默无闻、甘愿奉献的乡村教师表达敬意。乡村教育要发展，乡村教师要有荣誉感。让乡村教师这一职业在不久的将来成为受人尊敬的社会职业，那么就得让乡村教师的物质生活保障和精神愉悦一样都不能少。这是乡村教育突围不可缺少的精神支持。

相信未来，相信教育的力量，相信乡村教师明天的生活会更美好。

原文写于2016年5月20日

乡村教育迎着春天的朝阳

春天的脚步已经悄悄地来临，春的气息迎面拂来，带给人生机、希望与新生的力量。伴随着2016年春天到来的不仅有大自然的气息，还有支持乡村教育相关政策的落地实施。伴随着春天的脚步，乡村教育也迎来了属于自己的春天。

2016年是国家“十三五”计划的元年，这一年显得尤为重要。在这个五年计划中提高教育质量、促进教育公平是教育改革的使命，然而提高乡村教育质量又是完成这一使命的关键点。全面实现教育现代化，乡村教育的短板必须要补齐，为此，支持乡村教育政策接踵而来。作为一名支教教师，我认为提高乡村教育质量要从办学条件、师资队伍和课程理念上进行突围，同样在这三个方面国家的支持政策也要相继落地。

办学条件要改善。提高乡村教育质量，相应的办学条件要改善。就办学条件而言，与城镇学校相比较，乡村学校的教育教学设施还比较薄弱，基础设施相对比较差。教育教学设施的落后与高质量的教育教学需求存在着一定的差距，硬件设施的落后成为了制约乡村教育发展的瓶颈。从这个意义上说，政府加大对乡村教育的投入，建设小而优的美丽乡村学校，是解决乡村教育质量问题的关键。纵观乡村教育的发展，这几年取得了历史性的发展，这要得益于城乡义务教育均衡发展的政策。国家这一政策的落实让乡村学校的硬件设施迈上一个新台阶，乡村学校多媒体配备齐全，基本实现班班通，高标准的塑胶操场让孩子们告别了泥土碳渣跑道的困扰……2016年1月28日山东省人民政府下发了2016年1号文件《关于贯彻国发［2015］67号文件进一步完善城乡义务教育经费保障机制的通知》，从政策上又进一步落实了乡村学校办学经费的问题，保障了乡村学校办学条件得以稳步提升。

师资队伍要提升。提高乡村教育质量另外的一个重要因素就是师资队伍。由于历史和社会发展进程等原因导致了乡村学校出现师资队伍整体素质不高、结构性缺编现象严重等一系列问题。师资队伍补充机制不够畅通，优秀的毕业生进不来，高水平的教师留不住，师资队伍的现状决定了乡村教育的落后。随着《乡村教师支持计划（2015—2020年）》文件的落地，这一现状将会在相对短的时间内得到明显的改善。乡村教师支持计划在工资待遇、职称晋升、业务培训等方面给了乡村教师发展实实在在的优惠。乡镇补贴、交通补助得到落实，解决了乡村教师工作中的实际困难，建立了乡村教师荣誉制度，不久的将来乡村教师也许会成为令人向往的职业。乡村教师逐渐摆脱自卑感，逐渐有了生活上的满足感、工作上的成就感、教育事业上的归属感。乡村教师将会借助这一历史发展机遇，迎来属于自己的春天。

办学理念要跟上。办学条件、师资队伍是提升乡村教育质量的硬件，而要真正提升教育质量，乡村教育的办学理念这一软件不能缺位。乡村学校教育教学质量直接受到办学理念的影响。紧跟当下教育教学改革的步伐，乡村教育不能等，也不能靠，要确立好自己的发展目标，充分发挥自己的内生力量，借助相关政策的外力，找到适合乡村教育发展的路径，办出具有乡村教育特色的学校。乡村教育要关注立德树人的根本任务，要落实好培养学生核心素养的教育理念，紧紧抓住课程改革这一主渠道和课堂教学这一主阵地，充分利用乡村学校独有的课程资源，打造出具有乡土气息的优质教育。2016年教育部办公厅下发了《教育部办公厅关于印发乡村教师培训指南的通知》，这是落实乡村教师支持计划的配套文件，该通知中针对乡村学校的发展定制了适合乡村教育特点的培训内容，从推动变革乡村教师培训模式到提升乡村教师培训实效，从而达到带动乡村教育理念整体提升的目的，这又将成为提升乡村教师办学理念的好政策。

无论是办学条件、师资队伍还是办学理念，乡村教育都将会伴随2016年春天的脚步迎来属于自己发展的春天。

原文写于2016年2月23日

乡村学校要姓“农”

乡村学校办在农村，办学理念就应该根植于农村，办学行为就应该服务于农村。如果乡村学校失去了农村的味道，乡村学校的教育理念就会迷失发展方向。现如今我们提倡城乡义务教育均衡发展，绝不是拉低城镇学校水平来补齐乡村学校的短板，而是要在教育的内涵发展上、教育质量的提升上做到均衡，共同提升我国的基础教育水平。教育内涵的发展和教育质量的提升，一定要根植学校所处的教育环境，服务于城乡二元结构的社会发展现状。城市学校要姓“城”，乡村学校要姓“农”，不同地域的学校要根植不同的环境现状寻求各自的发展路径，共同实现提升教育质量的目的。

乡村学校姓“农”，首先要定好位。当下，有些乡村学校羡慕城市学校的优质资源，一味地用城市学校发展的优势来度量乡村学校，用别人的长处来对比自己的短处，显然在比较中就会丧失发展的信心。盲目追随城市学校的办学理念，脱离乡村学校的教育环境，使得一些乡村学校在办学的道路上迷失了方向。有些乡村教师只顾一味地感慨城市学校教师的职业自豪感、成就感，从而沉湎于职业自卑感中不能自拔。我想，无论是乡村学校的办学者，还是乡村教师，一定不能用别人的优势来衡量自己的短板，一味地羡慕别人而迷失自己的教育信念。城市和乡村都是社会二元结构的组成部分，各有各的优势，各有各的特点，并不存在高低贵贱之分。乡村教师只有定好位，摆正心态，才能扎根农村，最终让乡村教育彰显出农味十足的办学特色。

乡村学校姓“农”，其次要找准路。乡村学校发展的必由之路要在课程上下功夫。因地制宜的课程才是最好的课程体系，只要能够提升学生核心素养的课程都是优质的课程。作为乡村学校，课程上要因地制宜，让课程焕发出浓厚的乡土气息。南京行知小学的荷文化课程，就是根植于乡村文化的课程典范。该学校因地制宜，充分发挥乡土文化的优势，构建特色乡土文化课程，走出了一条特色办学之路。近日，从东营《教育周刊》上看到了广饶县共青希望小学《“体验教育”：领航学校特色发展》的报道，我倍感欣喜。希望小学从实际出发，提出“体验教育”，既找准了乡村学校姓“农”的定位，又符合当下教育部提出的“培养学生核心素养”的要求，以及注重社会参与、自我发展的理念。学校提出的“体验教育”充分利用乡村特有的教育资源，以适宜的课程培养学生的核心素养。学校在校园里开辟菜地，打造“种植课程”让学生在劳动实践中体会劳动的快乐和收获的喜悦，让勤劳成为乡村孩子的人生底色，为学生健全人格的养成打下乡村独有的烙印；学校带领孩子们走访乡村艺人，开设“民风、民俗文化课程”，让当地的传统文化融入学生的血脉，流淌在每一个乡村孩子的血液中，在他们的精神世界播种下家乡文化的种子，让学生感念故乡的情缘和味道，这是多少城市孩子穷尽一生都无法寻觅到的“精神沃土”。望得见山，看得见水，记得住乡愁，希望小学这一课程能培养学生的家国情怀。学校开展的体验课程让孩子们在春天走进自然，感受生命的萌动；在夏天走进树林，感受那份郁郁葱葱；在秋天走进田野，感受收获的快乐；在冬天走进雪地，感受纯洁和灵动。这些学校特有的生命体验课程让孩子们在自然变迁中感受生命的律动和本真。

人本来就是自然的产物，是自然成长的，乡村学校具备这种得天独厚的条件，为乡村孩子形成朴实、宽容、纯真的性格提供了原生态的环境，这是符合规律的教育，符合儿童成长的教育。这不正是乡村学校教育所应遵循的轨迹吗？这不正是为培养学生今后适应社会所需的关键品格和能力而做出的最正确的努力吗？

乡村学校姓“农”，最后还要寻好根。乡村教育的根基应该来源于历史悠久的农耕文化，乡村教育姓农要寻好文化的根基，是农耕文化造就了乡村的文明，造就了乡村孩子的纯真、质朴与自然。这就是乡村文化浸润的结果。乡村教育的发展要寻好根就是要根植乡村文化，这是源头活水。

无论是生活、成长还是教育，只有适合自己的才是最好的，乡村教育只有姓“农”，才能在正确的轨道上越走越远。

原文写于2015年12月24日

乡村学校让孩子们吮吸大自然的气息

学校四周一片绿油油的麦苗，来了好久了还没有走出校园看看。今日颇有闲情雅致，走出校园来到田地之间。脚踩麦苗，泥土气息扑鼻而来。突发奇感，乡村学校何不开设种植课程让学生种点庄稼，让乡村学校的优势发挥到极致，让孩子们更多地吮吸到大自然的气息。

当下生活在城市中的很多孩子，因为城市化进程的加快，他们也越来越远离熟悉的土地，钻进钢筋和水泥编造的牢笼。随着工业文明越来越发达，孩子们也越来越淡忘人与自然之间的朴素情谊。或许孩子们在动物园里看到过老虎，却没看到过农村里还有捉老鼠的猫；他们在电视上看到过飞驰的骏马，但是他们区分不出在农村中还有一种动物叫“驴”。有的孩子吃着馒头，却经常会写出这样的句子：“秋天，麦田里一片收获的繁忙景象。”我们给孩子穿上棉衣，孩子也许并不知道这衣料曾盛开在棉花田里；我们给孩子烹饪饭菜，孩子也许认为它们就长在超市里。出生在城市里的孩子，与自然之间距离越来越远了，也许此刻他们只了解雾霾是怎么一回事了。记得我的女儿六岁时才有一次机会回老家。回到老家让她倍感新鲜的是老家的黄牛，几只可爱的小羊羔，还有那一片绿油油的麦地。因为新鲜，所以兴奋，她在麦地里疯狂地奔跑着、叫喊着，真的有一种牢笼小鸟放归自然的感觉。返城的时候她硬是从老家亲戚那里带回了一只小兔子，作为自己的好朋友。

当下的教育要在小孩子和大自然之间，建立更多看得见的联系。我想这是非常有必要的，乡村学校有这样的自然优势，应该充分利用，要让乡村的孩子们更自然地吮吸大自然的气息。常丽华老师开发过“在农历的天空下”一门课程，常老师带着孩子亲自种养植物，按照农历二十四节气开启孩子们的学习之旅，让孩子们经历一年四季的自然轮回，知道大地万物的变换，让孩子亲近自然。四季原本就是一门丰富的课程，这门课程对应着孩子们的关键能力。春天，让孩子们展望全年、播种理想，要让他们拥有目标，对明天憧憬着希望；夏天，让孩子们架棚搭管、灌溉施肥，要让他们付出劳动，体验生命成长的历程；秋天，让孩子们收获硕果，要让他们感受收获的喜悦；冬天，让孩子们走进沉寂的雪地，要让他们体验生命的轮回。

如果我们为乡村的孩子开设种植课程，我们可以想象，面对一块庄稼地，春天，孩子们播下种子，看着它萌芽于泥土；夏天，孩子们看着庄稼节节生长；秋天，孩子们看着果实结坠于枝头；冬天，孩子们看着根须蛰伏于大地。经历这样的体验过程他们便知道什么是萌芽、什么是孕育，也会知道什么是惊蛰、什么是谷雨。书本之外和自己联系得如此紧密的二十四节气便会融入孩子们自己的生活之中。更重要的是，通过这一过程他们体会到了大自然的神奇，人与自然如何相处。这一块小小的庄稼地也许只能收获几株玉米、几颗花生，也许只会结出一个茄子、几个小辣椒，对我们来说，不值一提。但对于孩子们来说，再少的果实也是大自然的恩赐与奖赏，再不起眼的果实都是孩子们汗水的凝结，比什么都更值得珍惜。经历过程比获得结果更有意义。让孩子们种点庄稼，进而让这样的活动课程化，会较好地激发他们对大自然的兴趣、对大自然的心态，塑造他们与各种生命、自然生态和谐相处的良好行为方式。种植庄稼的过程同时也会让孩子们学会细心观察，学会耐心守候，学会爱心呵护，学会平常心接纳，这些都应该是孩子成长的关键品格。

让乡村孩子种庄稼，的确土到家了。但这就是乡村学校所独有的优质资源，课程无所谓土与洋，关键看课程是否因地制宜顺应学生发展的需要、提升学生的核心素养。种庄稼让孩子经历的是一种生长的过程，一群孩子共同关注着一小棵庄稼的生长，他们一起劳动，他们一起见证，他们一起记录，这样的校园，一定会充满着无限的乐趣，充盈着生命成长的律动，这是生命的课程，这是育人的教育。这样的课程是自然式的、过程式的、参与式的，在这样的过程中让学生懂得了与其他生命和谐共处，懂得了生命诞生的过程，这难道不是生命成长的要义所在吗？

无限遐想驰骋的时候，校园响起了放学的铃声。一群叽叽喳喳的孩子涌出了校园，伴着村里袅袅升起的炊烟走在回家的小路上，这也是我童年时的记忆。吮吸着大自然的气息，一切是那样的自然、亲切、舒服。人与自然亲密的融合，那是一种享受。

原文写于2016年1月25日

义务教育均衡下的乡村学校

作者支教的乡村学校的餐厅

学校上午和下午共有两次课间操时间，课间操学生要到操场上跑步，这里的老师们也都喜欢跟着学生队伍一起跑。这种现象一是学校人文关怀——“健康锻炼一小时，快乐工作一辈子”理念的体现。二是师生体验着在塑胶跑道上锻炼的幸福。标准塑胶操场是前几年才建成的，对于这所乡村学校而言，学生终于结束了在尘土飞扬的操场上体育课的历史。鲜红的跑道、翠绿的足球场为这所乡村小学硬件设施增添了几分姿色，乡村的孩子们也像城市孩子一样享受上了高标准的体育设施。

提到乡村学校基础设施的建设，这几年以来有了大幅度的提升。这样的结果得益于2012年为落实《国家中长期教育改革和发展规划纲要（2010—2020年）》实施的《国务院关于深入推进义务教育均衡发展的意见》。意见中指出，深入推进义务教育均衡发展，着力提升农村学校和薄弱学校办学水平，全面提高义务教育质量，努力实现所有适龄儿童少年“上好学”，对于坚持以人为本、促进人的全面发展，解决义务教育深层次矛盾、推动教育事业科学发展，促进教育公平、构建社会主义和谐社会，进一步提升国民素质、建设人力资源强国，具有重大的现实意义和深远的历史意义。各级政府要充分认识推进义务教育均衡发展的重要性、长期性和艰巨性，增强责任感、使命感和紧迫感，全面落实责任，切实加大投入，完善政策措施，深入推进义务教育均衡发展，保障适龄儿童少年接受良好义务教育。

学校基础设施改善的不仅是塑胶操场，在这一政策的落实下，学校还建设了设施齐全的高标准学生餐厅，解决了学生的午餐问题，这一举措实实在在地惠及了民生，解决了家长的困难。过去学生需要回家吃午饭，农村的现状是根据农忙季节而定，午餐不是没人做而让孩子吃剩饭，就是孩子自己想办法解决。父母顾不上，孩子吃不好，当然就无法谈及营养问题了。学校这一举措有效解决了家长的后顾之忧，同时也切实为孩子们健康成长提供了保障。学校的黄校长说，学校的餐厅占用了他不少的精力，无论是食品安全还是工作人员的选用，都要层层把关严格要求。他坚持一定把好事办好的原则，真正为老百姓解决后顾之忧，为孩子的健康成长做好后勤服务，这是工作职责，累一点也值得。

总体规划，统筹城乡，因地制宜，分类指导，分步实施，切实缩小校际差距，加快缩小城乡差距，努力缩小区域差距，办好每一所学校，促进每一个学生健康成长，这是推进义务教育均衡发展的指导思想之一。从支教学校近几年的发展来看，这些方面的确有了大幅度的提升。除了学校操场、学生餐厅之外，学校冬季的集中供暖工程也是可圈可点。过去我们形容乡村学校夏天一身泥，冬天一层灰，如今乡村小学已经采用了集中供暖的方式，用煤炭炉子取暖已经成为历史。

乡村学校的塑胶操场

学校硬件设施的提升是确保孩子享受优质教育的基础，同时推进义务教育均衡发展也对提高教育质量方面提出了要求：要求乡村学校树立科学的教育质量观，以素质教育为导向，促进学生德智体美全面发展和生动活泼主动发展，培养学生的社会责任感、创新精神和实践能力；鼓励学校开展教育教学改革实验，努力办出特色、办出水平，为每位学生提供适合的教育；建立教育教学质量和学生学业质量评价体系，科学评价学校教育教学质量和办学水平，引导学校按照教育规律和人才成长规律实施教育，引导社会按照正确的教育观念评价教育和学校。

我想借助义务教育均衡发展的良好契机和支持乡村教育发展计划的东风，乡村学校会迎来千载难逢的历史发展机遇，乡村的孩子们一定会共享优质教育的蓝天。

原文写于2016年1月22日

乡村教师要“依乡而养”

乡村教师是乡村教育的重要影响因素，也是当下制约乡村教育发展的关键问题所在。自从国家下发乡村教师支持计划以来，各省市也纷纷下发文件支持乡村教师发展，力求通过发展乡村教师来改革乡村教育，从而实现教育现代化的最终目标。这种观点无疑是正确的，路径也是恰当的，多省市在关于乡村教师下得去、留得住、教得好等方面做足了文章，提出了相应的工资待遇、职称评审、荣誉设立等方面的举措。这些举措的落地在一定程度上对缓解当前的乡村教育现状会起到积极的作用，要想让乡村教育走上健康持续的发展道路，有些措施还需要向更长远、更精准的方面努力。

山东省的乡村教师支持计划中提到用大学生实习一年的方式缓解乡村学校教师短缺的问题。这一举措将会有效解决乡村教师人员不足或者结构性缺编的燃眉之急，但这一举措也只是一个阶段性的缓解而已，对改善乡村教师队伍起不到实质性的作用。这一批实习生走了怎么办？换一批继续，还是另选其他方式？这样一批批流水式的支教，究竟能给乡村学校留下什么？我想这样的方式只不过是缓解当前现状而已，并不能真正解决乡村教育质量的根本问题。当下乡村教育不仅需要走出困境，更需要在教育质量提升和教育内涵发展方面进行深入的变革，只有这样的变革才是乡村教育未来的出路。大学生顶岗实习这一举措与乡村教育实质性的发展要求存在一定的差距。走出大学校园的大学生既没有教学经验又缺少针对性的岗前培训，从一定意义上讲，他们不能称得上是真正意义的教师。一部分从城市走出来的温室之花可能无法适应乡村的自然环境，更可能无法面对乡村现有的自然条件。九零后、零零后的大学生绝大多数是独生子女，他们中有些人心比天高，梦想远大，追求的人生价值绝不能和眼下发展还相对滞后的乡村联系到一起。实习期限就是短短的一年，他们不会俯下身子去研究教学，更不会把根扎在乡村沃土。挨过一年，这里便与他们的生活再也没有任何联系，为此，他们的工作不会有长久的计划，也就不会把乡村教育的未来、乡村孩子的希望列入自己的目标里。教育是奠基的工程，教学是面向未来的事业，没有长远的规划，就没有为未来负责的责任心。流水过客似的大学生实习顶岗，不会为乡村教育的长远发展带来根本性的变革，“雨过地皮都不会湿”，也许就是大学实习生支持乡村教师计划的最后结果。

县管校聘，校长、教师交流轮岗也是乡村教师支持计划中的一条有效的举措。但在实际的操作过程中也存在不少的问题，政策解决了城市学校校长和教师“下得去”的问题，却没有解决“教得好”的问题。交流轮岗的教师是否教得好关键要看他们如何克服教育理念的差异。城乡二元结构的模式造成了城乡文化背景和教育理念巨大的差异。乡村教育会受到当地乡土文化的影响，带有较强的地域色彩。交流轮岗的校长和教师来自文化底蕴深厚的城市，固有的城市办学与教学理念一定会与乡村教育产生格格不入的现象。另外，如果采用复制城市办学的模式，也会让乡村教育脱离当地的乡村文化背景，采用城市理念办乡村教育这种蹩脚错位的方式，乡村教育就会东施效颦。这种举措同样也办不好乡村教育。办好乡村教育必须得融入当地的乡村文化，入乡随俗。根植乡村文化，让教育理念与当地水土相适应，乡村教育才会具有生命力，才会有内涵上的发展。就个人支教的亲身感受而言，这一点尤为深刻。到今天我的支教生活已经过半，但实事求是地说，我还是一个乡村教育的外乡人，没有真正地融入进来，不是因为个人的适应能力差，而是因为近二十年自己一直待在城市学校里形成的根深蒂固的教育理念。教育是相通的，但是教育的文化背景会是一面厚厚的墙。在这半年的支教生活中，我试探性地调研乡村教师的教育需求，积极从课堂教学改革和教育理念提升等几个方面进行引领。我在课堂教学中还是谨小慎微，这里的孩子已经习惯在成绩指向的道路上奔跑，如果我把他们带到靠自己的能力去探索学习的宽广道路上，短时间内成绩势必会被其他学校所赶超。毕竟大环境还在，只有一年时间的我不会在改变学生成绩上取得巨大的突破，毕竟学生的学习能力是一个缓慢积累的过程。我也只能尽微薄之力，给他们的教育理念注入一股新的思想，给他们的课堂带去一缕春风而已。支教只能激起乡村教育表层的涟漪，而无法真正搅动乡村教育深层次的改革。

特岗教师近几年在充实乡村教师队伍、改善乡村教育方面起到了积极的作用，他们的到来使乡村学校诞生了新生代的乡村教师。过去我们所说的乡村教师指的是教在乡村、生活在乡村、根植乡村这方沃土、眷恋乡村这方文化的教师。这些乡村教师入乡随俗，与村民融为一体，或者走出校园就是村民中的一员，他们了解乡情，了解乡村，了解乡村孩子。这些乡村教师会基于乡村孩子的生活实际给予更多的情感照顾，他们的教学也会立足于乡村的文化，课堂教学根植于学生的乡村生活实际，既让学生在课堂学到理论知识，又会让学生走向田间地头亲自实践，教育教学与乡村孩子现实生活紧密结合。课堂学习文化知识，课下让孩子们到田间地头去参加劳动实践，孩子们下课后去亲近大自然，进行爬山、爬树、滑土坡等野外活动，乡村学校教育也会因乡村而富有特色。如今的新生代乡村教师教在乡村，住在城市，成为乡村教育的候鸟。早晨开车下乡村上班，下午放学回城市居住，周末享受城市生活。每天上班穿梭在城乡之间，花费在路上的时间少则一两个小时，多则两三个小时，长此以往，路途之遥造成了新生代乡村教师的身心疲惫，并且为其自身安全也埋下了隐患。新生代的乡村教师在实际意义上已经脱离了乡村教师的含义，他们对乡村已经没有了感情，对乡村生活没有了感悟，当然对乡村文化也没有了浸染，对乡村儿童已经淡化了感情。没有乡土文化基因的教师，就不会真正融入乡村教育之中，真正的乡村教师是需要乡村文化做根基的。这些新生代的教师将会把乡村教育带出城市的味道，从长远看这并不是改善乡村教育的正道。早在20世纪20年代，乡村教育的先驱陶行知先生便发出振聋发聩的声音，“乡村学校做改造乡村生活的中心，乡村教师做改造乡村的灵魂”。怎么做到培养改造乡村生活的灵魂呢？他要求乡村教师要有农夫的身手、科学的头脑，还有改造社会的精神。怎么做到教学合一呢？他和师生们一起生活，一起劳动，一起学习，一起建起了校舍、图书馆、科学园，并耕种学田。学校不仅仅是简单地办学，还开创了一种与农村实际生活密切相关的教育和办学形式。现在的乡村已经和陶行知那时候的不一样了，现在城市化进程无法阻挡，但另一方面也恰恰说明保持乡村学校特色显得弥足珍贵。新生代的乡村教师，身在乡村，心在城市，他们也不会真正引领乡村教育长远的发展，培养与乡村教育相适合的乡村教师才是乡村教育的出路所在。

如此种种不适合乡村教育长远发展的策略，让我想到了乡村教师应该“依乡而养”，想到了20世纪90年代以前的中师生。当今我们走到各个县区的乡村小学就会发现，在乡村学校做管理工作和教学骨干的教师绝大多数是当年的中师毕业生，是当地的师范学校培养的学生。当年的中师生成为当下乡村教育的中流砥柱绝不是偶然，而是教师培养的必然。第一，当年的中师生都是乡村初中的优秀毕业生，从基础就奠定了未来教师队伍的高素质。第二，中师生的培养方向明确，培养内容针对性强。当年的中师生到了工作岗位上三字两话（画）基本功过硬，是很多刚毕业的大学生无法与之相比较的。扎实的基本功奠定了今后教学的基础。第三，中师生工作去向精准。由于社会进程的原因，当时的中师生培养方向就是面对广大的乡村中小学培养师资，既然大家选择中师，也就明确了今后的工作方向，爱上教育事业，是做好教育的根源。第四，中师生身上独有的乡村文化基因。这些中师生绝大多数来自于乡村，他们身上本身就有勤劳、质朴以及天然的乡村情节，内心打着乡村文化的烙印。他们回到乡村学校工作，适应乡村的生活方式，了解乡村的教育，为自己的工作找到了最适合的工作环境。第五，乡村是这些中师生的故乡，家乡的父老乡亲，自己的兄弟姐妹就生活在这一片热土，根在那里，家就在那里。乡村成为了他们扎根的最好沃土，扎根乡村事业就会全心全意。

中师生就是依乡而养的乡村教师，实践证明，他们就是乡村教育的主力军，他们就是改写乡村教育历史的丰碑之人。中央提出精准扶贫战略，我认为支持乡村教师计划也需要精准发力。乡村教师依乡而养，从生源的选拔到培养的方向，再到乡村教师职业的社会荣誉感等方面需要相应的改善。从提升乡村教师队伍的整体素质带动乡村教育真正走上内涵式的发展，这才是实现教育现代化、提升教育质量的根本所在。

原文写于2016年3月15日

“走教”是缓解乡村教师短缺的有效途径

《乡村教师支持计划（2015—2020年）》中指出：发展乡村教育，教师是关键，必须把乡村教师队伍建设摆在优先发展的战略位置。教师队伍的确是制约乡村学校发展的瓶颈，没有优质的教师资源就不可能有高水平的教育，没有专业的教师就不可能将课程的魅力发挥到极致。数量充足、专业齐全、结构合理的教师队伍是乡村学校的梦想。但随着社会的转型，农村人口的流失，乡村学校的生源日渐萎缩，倘若按照传统的师生比例配备教师编制，乡村学校的教师编制只会减少不会增加。可是尽管生源数量减少，但学校需要开设的课程门类和年级数仍然保持不变，所需要教师的数量在一定程度上并没有太大浮动，这就导致“超编缺人”现象的发生，这让许多乡村学校的教师队伍几年无法注入新鲜的血液。另外，乡村学校教师队伍中还有一部分是没有退休的民办教师，这一部分老师有些因为年龄大了，无力再学习先进的教学理念，有些虽然依旧坚守在教育一线上，身体状况却令人担忧，这是造成乡村教师队伍整体素质落后的另一个重要原因。

按照支教计划，这一周我请来了两位美术老师为支教学校执教研究课，并开展教学研讨活动。两位美术老师都是年轻有为，一位刚刚获得市级优质课一等奖，另一位是我们课程改革研究过程中艺术整合课的优秀代表。从教学现场来看，课堂效果并没有因为是在乡村小学而受到影响。教师带给孩子们的新奇理念和教学策略，让乡村小学的孩子们兴奋不已，课上展示出来的孩子们的美术作品也让两位老师眼前一亮。新奇的课堂、前沿的理念同样也吸引着来听课的老师，他们纷纷感慨，原来艺术课可以这样整合，原来美育教育可以这样落实。

孩子和教师之所以会有这样的感慨，原因在于乡村小学艺术教育的滞后。追溯这一问题就又回到了教师队伍这一起点上。就我支教的学校而言，六个年级，十二个教学班，美术专业毕业的教师只有两位，还有一位美术教师仅仅是一位美术爱好者。为了落实上级的政策，学生的美术课必须开设，因为优质教师的欠缺，所以只能做到开全开齐这一个层面。并且，美术教师并不是专职教美术，他们还担任语文学科的教学。一主一副，一位教师要承担两门科目的教学，可想而知，乡村学校的艺术教育是何等水平了。这一现象不止在一所学校存在，而是许多乡村学校共同的写照。

2015年6月，国务院办公厅印发了《乡村教师支持计划（2015—2020年）》，里面提到“乡村中小学教职工编制按照城市标准统一核定，其中村小学、教学点编制按照生师比和班师比相结合的方式核定”。这种编制配备为化解乡村学校“超编缺人”难题提出了新的解决路径。它符合乡村教育的实情与可持续发展的需要，可以较好地缓解乡村学校教师不足问题，是科学有效的。但要从根本上改变乡村学校“超编缺人”的现状，需要一个较为漫长的过程。这样漫长的等待过程，我们的学生是等不起的，他们的成长只有一次，他们急需高质量的教育，所以，区域内教师“走教”也许是一条较好的解决途径。

就我所在的支教学校而言，该乡镇共有四处小学，一处中心小学，三处教学点。我所在的支教学校在三个教学点中算是规模较大的一个，四处小学相互之间的距离都在二十公里以内，该乡镇的教师几乎都居住在乡镇上，也就是中心小学所处的位置，同样也是另外三所学校的中心位置。这样的距离，让教师进行走教，我想是完全可行的。为了便于学校管理，语文、数学这样的大学科教师可以相对固定，相对短缺的音、体、美教师完全可以采用走教的方式进行。让专业的教师任教专业的课程，这样既能够保障课堂教学的质量，又能够促进区域内艺术教育质量的整体提升。当下，"县管校聘"的管理体制改革，为教师走教提供了政策支持。该政策让教师从学校人变成了系统人。优秀教师不再是某一个学校的优质资源，而是整个区域内的优质资源，优秀教师走教将会带动整个区域内教育质量的提升。

我想这样一种方式不仅可以有效缓解乡村学校教师短缺所带的压力，同时也是提升区域教育质量的有效途径。

原文写于2015年12月29日

向农民学习当老师

来到支教学校一晃已经一个多学期过去了，对乡村学校教育感受越来越深，对当地的农民也是越来越有感情。其实，这种感情有着天然的情结，因为我就是农民的儿子。虽然工作之后进入了城市，但是父母在农村，总切不断与乡村千丝万缕的联系，久而久之，我便感觉到，如果向农民一样当老师，一定会让教育充满无限的可能。

学习农民的耐心。农民和老师一样都得需要耐心，学会等待。我们不少老师在课堂教学中没有等待的耐心，不给学生留足思考的时间和空间，便急切地进行了答案的讲解。一边滔滔不绝地讲，还一边埋怨学生不够聪明，殊不知这是因为教师没有耐心等待学生思考，一味地为了完成自己的教学任务，一环套一环地往前赶教学环节。没有耐心的教师，不会等待的教师，心中一定没有学生，课堂上只顾自己的教，而忽略了学生的学。为此，教师教得身心疲惫，学生学得筋疲力尽。课堂上教师不会等待，学生便失去了思考的机会；教育中教师不会等待，学生便失去了成长的机会。学生之间存在差异，如同植物花期各不相同，有的花期早，有的花期晚，有的开艳丽的花，有的却开娇小的花，有的甚至在你和他们相处的这段时期还遇不到他的花期。不会等待的教师就会给没有遇到花期的孩子贴上了特殊的标签，老师不会等待，没有耐心，给这样的学生的成长造成了伤害。教师要有耐心，要学会等待，这一方面得需要向农民好好学习。农民都懂得“春生夏长，秋收冬藏”的自然规律，从春天播下种子，他们从不会奢望早一天结出果子。从播种到收获，他们总是耐心地等待，在这个过程中给予庄稼悉心的呵护，拔草、捉虫、施肥、浇水……从没有看见过哪个农民经常指责生长中的庄稼，“你怎么这么笨，还不开花？我都给你浇了几遍水了怎么还不知道结果？真是一棵笨庄稼。”为此，作为教师我们应该尊重学生成长的规律，尊重孩子的差异，耐下性子，静待花开，也许等待的过程就是最美好的教育时光。

学习农民的包容。农民和教师一样都需要包容之心。我们做老师的经常会指责学生，这也不对，那也不对，却很少反思自己是否做得对。更有甚者，有的教师教龄长了就会形成职业病，问题总是别人的，责任总是他人的，自己总喜欢挑别人的错，找自己的理。在课堂上我们经常听到老师这样指责学生，“我都讲了N遍了，你怎么就是听不明白呢？你真是……”这样的老师没有包容孩子，同时也没有反思自己的行为，你都讲了N遍了，孩子还听不懂，是不是你讲的出了问题？是表达不清晰，还是讲述方法有问题？其实，就这一点来看，作为教师应该向农民学习。小时候经常听到父母说，你看咱家的麦子快抽穗了，叶子有点发黄，是不是我们施肥的量不足啊？今年的棉花，棉花桃个数不是很多，可能是因为当时的农药喷洒得不够及时，让虫子吃掉了一些。今年的玉米籽粒不够饱满，是当时少给它浇了一茬水，等明年一定得注意，不要再耽误浇水的时机……农民包容了庄稼的成长，都是从自身的问题来反思。从来没见过那一个农民在指责地里的庄稼，你看看你，我一年辛辛苦苦给你浇水、施肥，流了多少汗，受了多少累，你看看你长得那个样，产量那么低？写出这样的文字自己都感觉到十分地可笑，可是我们的老师在课堂上，在教育教学中就经常会发生类似的事情。学生考试成绩偶然出问题或者是犯错误，板子总是打在学生身上，不能包容孩子的一点错误，殊不知孩子就是在不断地纠错中成长的。当这样的事情发生的时候，有些教师倍感委屈，经常会把不满宣泄在学生身上，久而久之便造成了师生关系紧张，影响了工作，也影响了自己的生活。工作一天身心疲惫，还带着一肚子的委屈和怨气回家，殊不知这样的教育正是因为自己缺少了一颗包容之心。作为教师，心里容得下学生的错误，这才是真正的教育之爱。

教育家叶圣陶先生早就说过：教育是农业，不是工业。教师和农民一样都是面对生命，因此，在许多方面道理是相通的。我想如果我们像农民一样当老师，教育这方沃土一定会硕果累累。

原文写于2016年3月3日

乡村教师的幸福增量

乡村教师庆元旦

这一周走进支教学校，最大的喜讯莫过于刘老师和赵老师通过中级职称评审了。过去，乡村小学教师翘首期盼的是退休前能够评上中级职称，他们所承担的评职称压力，是生活在城市的教师难以体会的。然而职称这一制约乡村学校教师发展的天花板，当下正在被新的教育制度所打破。《乡村教师支持计划（2015—2020年）》中指出，各地要研究完善乡村教师职称评审条件和程序，实现县域内城镇学校教师岗位结构比例总体平衡，切实向乡村教师倾斜。乡村教师评聘职称不作外语成绩、发表论文的刚性要求，坚持育人为本、德育为先，注重师德素养，注重教育教学工作业绩，注重教育教学方法，注重教育教学一线实践经历。因此，从一定意义上来说，乡村教师迎来了属于自己的春天。

教师是教育发展中最重要、最根本的力量，提升乡村学校的教育教学质量，最核心的还是要提升乡村教师队伍的素质。“特岗教师计划”“城乡教师交流”“国培计划”“乡村教师支持计划”的实施，基本构建了促进教师素质提升的政策体系，其效果已初步显现。但是，要想真正提升乡村教师队伍素质，根本还在于提高乡村教师队伍本身的素质和乡村教师的职业认同感与价值观。无论是职称评审还是乡村教师的生活待遇，当下都有了较大的提升，我所在的城市，因乡村教师具有乡镇补贴，总体的工资收入已经超过了同一级别城市教师的工资水平。《乡村教师支持计划（2015—2020年）》中还要求，建立乡村教师荣誉制度。国家对在乡村从教30年以上的教师按照有关规定颁发荣誉证书；省、县要分别对在乡村从教20年以上、10年以上的教师给予鼓励；广泛宣传乡村教师坚守岗位的崇高精神，在全社会大力营造关心支持乡村教师和乡村教育的浓厚氛围。乡村教育随着小康社会的全面实现迎来了千载难逢的历史发展机遇。

城乡义务教育的均衡发展，正在让城市和乡村的差距逐步缩小，无论是在城市还是在乡村，作为一名教师，只要能够体现自己教书育人的价值即可。城镇学校教师尽管占据了部分优质资源，但也面临着大班额所带来的高强度的教学压力，同时承担着快节奏、高房价的城市压力，承受着学生安全、家长和社会对教育高要求的压力。乡村学校教师不仅工资、待遇已与城镇教师持平，而且还可以享受慢节奏、低压力的工作与生活，幸福指数一路飙升。我所在的98级毕业班中，有位同学，一开始在我支教的学校工作，之后被调往了乡镇中心小学，十几年一直扎根于农村教育。当下这位同学被评为“东营名师”，收获了高级教师职称，获得了全国优秀教师的荣誉称号。是乡村教育成就了他的事业，让他获得了如此多耀眼的光环。而和我一样留在城市中的同学，因为职称制度的改革，现在仍然站在初级教师的队伍里张望、徘徊、等待。

2016，让我们向上生长！

原文写于2016年1月1日

乡村孩子是不可忽视的人力资源富矿

上周带外教来支教学校送课，课后和外教参观校园。外教老师看到校园环境疑惑地问身边的翻译刘佳老师，这样整洁的校园是孩子们动手打扫的吗？当得到我肯定的回答时，他不由地伸出大拇指连声说道：“Very good！ Country kids are great。”此情此景让我想到了前一段时间在《中国教育报》上读到的一篇文章——《为何说乡村孩子是人力资源的富矿》。作者在这篇文章中指出，农村孩子在某些方面的能力要超过城市孩子，比如独立性、直接生活经验等，而这些正是一个人原始创造力的来源。百闻不如一见，在支教学校生活的这段时间，我深刻感悟到这句话的内涵和背后的教育意义。乡村学校孩子们这些原生态的品质，会时时让人感动，可是这对于他们来说已经是一种常态，一种习惯，一种品质。清晨到校后学生自觉地拿上卫生工具清理班级的卫生区；午餐时间，高年级学生帮助低年级小学生打饭，并自觉地维持餐厅的纪律；课间操场上经常会看到高年级的同学为小弟弟、小妹妹系上鞋带、扣上扣子；放学的路上高年级大学生拉着低年级的学生过马路；等等。这样的场景会时刻在眼前上演，因为这些事情在乡村的校园里已经成为了一种常态，并非是什么新鲜的事情了，我想这不就是乡村校园最质朴的学校文化吗？乡村孩子的勤劳、质朴、自主，时时刻刻彰显在校园的每一个角落。我不禁感叹，这些行为不正是一个人美好品质形成的最初萌芽吗？这些品质的形成奠定了乡村孩子成为未来人力资源富矿的根基。

清晨，当乡村校园孩子们挥舞着卫生工具打扫卫生的时候，不见得有老师的身影出现在现场，他们却能够极其认真地完成任务。此时此刻，有些城市的孩子可能正坐在父母的私家车里前往学校。学校优美的环境、干净的校园，他们只知道那是物业保洁人员的事情，与他们没有任何的关系。调皮的学生偶尔会随手丢掉手中的垃圾，他只知道一定会有保洁人员负责清理，大可不必过于自责。且说孩子们打扫卫生这一小事看似不足挂齿，但我认为这里大有教育意义可为。国家教育部下发的关于劳动教育的文件，其精神明确了劳动教育在孩子成长中的意义，可我更感受到这些劳动背后对于人成长的教育意义，对于人格品行形成的价值。乡村孩子自己动手打扫环境卫生，不仅是一种自理能力的培养，更是对孩子最初的责任心和担当精神的培养与启蒙。孩子们会把“今天是我值日”看作是一种责任或者是一项任务，值日生就有责任完成相应的任务，为同学们创造舒适的学习环境。从这种环境中成长起来的孩子，今后在工作中一定会有敬业之心，也会具有责任心和担当精神。现实生活中具有这样精神的人就更容易取得事业上的成功。一个人成长需要责任心的培养，也需要担当精神的凝练，这些作为人生底色的品质不是从课堂的说教中形成的，而是通过学生自己的劳动实践慢慢形成的。乡村孩子因为所处的自然环境给予了他们人生成长的纯天然环境，这种原生态的天然环境就是勤劳、质朴与自立。这样的品质就是人生的富矿。

午餐时分在餐厅就餐时常会看到高年级的学生给低年级的学生打饭，帮助他们整理餐具和餐桌，也时常会看到他们维持就餐秩序，似乎在这里发生的一切都是那么的自然、那么的真切。这一切的背后我们不难嗅到乡村孩子淳朴、善良、助人为乐的行为内化成的一种品质，也不难发现他们的自我管理能力和处事能力远远要超出那些事事还要父母代办的城市孩子。在城市孩子看似苦头的事情，乡村孩子眼中已经不再是什么难题，而成为他们自我成长、自我能力形成的实践素材。乡村孩子们在这样的实践中收获着成长，沉淀着属于自己的人生品质。他们的收获是真实的、自然的，是从课本上根本无法学到的。这些素养的积蓄为他们今后走上社会奠定了基础。未来的社会和工作中，无论是哪行哪业，都需要具有担当精神、自立能力，能够独当一面，既吃得了苦，又能够脚踏实地辛勤工作的人。具有这样品质的人一定会成为业内的成功人士，这样的人不是人力资源的富矿，又有何人是呢？

社会的发展造成了城乡教育资源的差异，存在差异并不是坏事，而是要怎样看待这种差异，怎样有效利用差异资源去发挥最大的育人功能。城市孩子享受了更多的优质资源，我们不难发现周末人满为患的地方大多数是社会上各种培训班集中的地方，周末本应该是休息的日子，可是如今却成了孩子和家长最忙碌的时刻。试想一个人总是生活在这种上满弦的状态上，总是处在快节奏的生活状态，这样的孩子的性格一定充满了焦躁与不安，也许这可能是城市中的有些孩子容易患焦躁症或者自闭症的原因之一吧。我们可以看得出城市孩子要比乡村孩子更早地学习各种特长，接受所谓的早期训练，其实这并一定是一件好事，这种现象导致了多少人后来失去学习的动力和兴趣，从人生的长远发展来看，早期的训练并不一定有利于人生的长远发展。而生活在乡村的孩子则把童年生活放到了自然之中，在和小伙伴的游戏中，在跟随父母的田间劳作中，既体验了生活，又收获了成长。任何人的成长都需要尊重自然规律，孩子就如同农民地里种的庄稼，既不可揠苗助长，也不可错过任何成长的节点。从这个方面看，乡村的自然环境更符合孩子成长的自然规律，在自然环境中成长的人更符合自然社会的发展，这些人就是人力资源富矿。

乡村慢节奏的生活规律和自然的生态环境，让我感受颇多。在接近一年的支教生活中，我深刻地感受到大自然无疑是最美的学校。每当我早上驱车离开喧嚣的城市，迈入自然清净的乡村校园，紧张的心情便变得自然而舒展，心灵的释然会让人精神瞬间愉悦。乡村学生朗朗的读书声混着乡间浓浓的青草气息令人感觉如此舒适。乡村不仅是成人心灵舒缓的自然氧吧，沉浸在其中的孩子能闻到花香，听到鸟鸣，喝到山泉，尝到野果，这何尝不是一种自然的生长状态呢？孩子们因身处自然各种感官变得灵敏，对新鲜事物保持着足够的敬畏和好奇。这是城市孩子在任何的培训班里都无法学到的。人生就像一场马拉松，不在于你的起跑有多快，而在于你能否坚持到终点。乡村的大自然赋予了孩子们坚强的意志、善良的本性、朴素的情怀，还有特别重要的人生梦想。拥有了这些品质的人生，一定是一生开采不完的富矿。

如今在城市化的进程中，能够在乡村享受大自然馈赠的孩子们，因为自己的童年在真实的自然环境中度过，在真实的生活中体验学习、认知，在真实的自然环境中铸就人生所需要的品格，让自己的生活与大自然紧紧相依。这是最大的幸福。相信在这些孩子们的生命中注定播下人性最美好的品质，即使岁月更迭流逝，当他们迈入暮年回味咀嚼逝去的岁月时，童年的那段享受自然时光也会成为最有味道的一段人生体验。

原文写于2016年3月25日

乡村学生资源要释放

前一段时间写过一篇文章《乡村孩子是不可忽视的人力资源富矿》，当时是站在教育的视角，从社会的角度谈及关于乡村学生素养的问题。随着支教生活阅历的不断加深，我对乡村孩子的感触也越来越深刻，对乡村孩子的品质和潜能也越来越敬佩。这些感触是来自孩子们在学校生活的一些场景，不仅让我深受感动，更让我感悟到：乡村的孩子就是乡村教育突围的最重要的资源。他们身上具有勤劳、质朴、坚韧、乐观、自信、坚强、自立、自强的品质。这是乡村孩子骨子里埋下的最优质的种子，也将是乡村孩子受益终生的人生底色。

五一过后，学校实行了夏季作息时间表，孩子们中午有了较长的一段午休时间。乡村学生这一段午休时间怎么过，我想这是很多城市里的孩子没有过的经历，也是他们所想象不到的。岂止是学生，对于城市的教师来说也没有见过这样的景象。对于一个目睹者来说，我内心不免泛起了一种无法用言语表达的感情——酸涩、感叹、敬佩、怜悯……这些感情仿佛都有，又仿佛这些词语还不足以描绘我内心的感受。回家在静静的深夜再翻看这些照片的时候，我的心头不禁涌上了一股感动，这不就是乡村孩子身上最为珍贵的品质和精神吗？乡村教育的突围，乡村孩子身上的这些品质就是最好的资源。具备了这样品质的孩子一定会让乡村教育的改革成为现实，突出重围。

午休的铃声响起，孩子们从橱子里拖出自己的被褥，准备午休。教室里有拖动桌椅的声音，没有人指挥，也没有人组织。孩子们迅速地把桌椅靠在一起，有的学生将被褥铺在课桌上，课桌此刻的功能转变成了临时的床。有的孩子找了课桌间的间隙把被褥铺在地上，席地而卧。各班级教室在午休时间变成大通铺。横着的、竖着的，在课桌空隙的、在讲台上的，什么样的都有。有的班级学生人数较多，教室里拥挤，孩子们干脆就在走廊一字排开，从走廊的一头一直排到另一头，一个挨着一个，没有班级界限，也没有男生女生之别。这种壮观的午休场面，让人看到心里酸酸的……不仅走廊，就连教学楼的门厅都变成了学生午休的场地，路过门厅时李洪洁老师正在关闭门厅的大门，她关切地说："门厅里的风太大了，怕孩子们伤风感冒。"我从一楼转到三楼，各个班级秩序井然，没有一个大声吵闹的，也没有一个做别的事情的。此刻，大部分老师在办公室里批阅作业，孩子们是那样的自觉，那样的规范，不需要老师的组织与管理，他们自己整理自己的被褥，自己寻找着午休的地方，没有争吵，没有喧闹。尤其是一年级的小朋友，居然有如此强的自理能力，他们自己有点吃力地拖着被褥，自己寻找午休的空间，自己整理被褥入睡。等我转到三楼再往下走的时候，走廊里已经无立足之地了，我只好顺着楼梯往下走。几分钟时间，整个教学楼迅速安静了下来，到处静悄悄的，偶尔传出孩子们轻微的呼吸声，这时候有的同学已经进入了午休状态。有的孩子没有枕头，头下就垫上了几本书；有的孩子没有被子，就把上衣脱下来盖在身上。路过之处看到了几个睡着了的孩子，脸上泛出一丝甜甜的微笑。就是那一丝甜甜的微笑，震撼了我的心灵。地板硬硬的、凉凉的，地当床，天作被，这样的条件下，孩子脸上荡漾的一丝微笑，怎能不直击我的心灵呢？

低年级的班主任老师在教室陪孩子们午睡，一张简易的床就长期放置在教室里，这也是乡村教师的一项重要工作，课上不但教孩子们知识，课下还要负责孩子们的吃饭和午休，教师、父母双重身份就是乡村教师的写照。走出教学楼我准备到车里休息一会儿，正巧遇到两个小女孩拖着自己的被褥到楼下的阴凉处，起初她们两人先是拿了一本书读了一会儿，后来就在简陋的被褥上睡着了。这就是我们的乡村学校午休的景观，这就是我们的乡村学生。

这样简朴的生活，给乡村孩子种下的是生活的磨砺，我想这样环境下成长起来的孩子在今后人生的道路上没有吃不了的苦，也没有受不了的累，既扛得住生活的打击，又受得住社会的挫折。同样，以苦为乐，自信阳光的生活态度也会成为他们生活中美好而难得的一种人生体会。这就是乡村孩子们身上极其珍贵的精神财富。

正因为乡村孩子们有了这样的人生体会和这种意志品质，乡村学校的教育突围才有希望，他们身上的这些优秀品质一定会成为乡村教育特有的珍贵资源。支教学校每年春季都会组织春游活动，学生徒步穿越乡村小路十几公里，组织一次野炊，体验一次野外生活的经历。十几公里对于小学一二年级的学生来说是一项挑战，对于那些上学放学都坐私家车的城市孩子来说是一项无法完成的活动。恰恰是有了乡村教育这种对孩子生活磨炼的教育，才培养了乡村孩子身上所特有的坚强意志。这种坚强与毅力，是孩子们一生受用的品质。这是乡村教育所独有的教育情怀和方式，这种教育的效果是多少挖空心思培养学生的学校都无法企及的。

乡村教育要突围，不要按照城市的模式和标准，无论采用何种教育方式，我们培养出具有适应未来社会的关键能力和必备品格的人即可。然而乡村教育的特殊性，留给孩子们人生最重要的东西还有比勤劳、朴实、坚强、阳光、自立、自强更重要的吗？乡村教育突围，学生素有的天然品质是重要的资源，也是良好突围之路的珍贵资源。

原文写于2016年5月4日

留守儿童

——乡村教育之泪点

在中国有这样一个群体：他们的父母为了生计外出打工，用勤劳获取家庭收入，为经济发展和社会稳定作出了贡献，但他们却留在了农村家里，与父母相伴的时间微乎其微。这些本应是父母掌上明珠的儿童，便成了一个特殊的弱势群体——留守儿童。没有来到乡村支教之前，关于留守儿童的问题，我只是从媒体上了解，至于真实的现状我体会得并不深刻，直到今年走近这个群体，方才感受颇深。关于留守儿童问题我查了一组资料：2012年9月，教育部公布义务教育随迁子女超1260万，义务教育阶段留守儿童2200万。留守的少年儿童正处于成长发育的关键时期，他们无法享受到父母在思想认识及价值观念上的引导和帮助，成长中缺少了父母情感上的关注和呵护，极易产生认识、价值上的偏离和个性、心理发展的异常。

亲情的缺失导致孩子成长过程中极易出现心理问题，在这个群体表现最为突出。这一周，我读到了支教学校学生的几篇作文，这些文字背后折射出的亲情缺失和孩子们内心的孤独以及可怜的生活现状，戳中了我的泪点。

有一个孩子在文中写道："我家有一艘渔船，爸爸妈妈常年在广饶滨海那里捕鱼，除了冬天他们陪伴我的时间稍微长点，其余时候每个月也就是回家看我一两次。我是由爷爷奶奶照顾长大的。虽然奶奶很疼我，但我总觉得缺少点什么。”

另一个同学在作文中写道：“每当看到别人家的孩子依偎在父母的怀抱时，总会有一些心酸。老是感觉时间过得真慢，我天天都想着日子快点往前走，想着赶紧放寒假，想爸爸妈妈能快点回家，快快乐乐地过个团圆年。”

还有一位同学这样写道：“‘每逢佳节倍思亲’，谁都希望在春节能够得以全家团聚，这是人之常情，但我们家总不能如愿以偿。我爸爸在外地打工，因为忙于工作，一连好几个春节都不能和我们一起度过。每到此时，我……”

更有一位同学记录下了这样的声音：“‘爸爸……爸爸……我好想你，我的喊声你听到了吗？’我代表千千万万像我这样的孩子大声喊，‘爸爸，我爱你，我想你！’”

这是留守儿童真实的心声，这是留守儿童真实的现状。在这样的乡村教育现状中，家庭教育根本就无法谈及了。当城市的孩子依偎在父母怀里撒娇的时候，他们需要自己洗衣做饭；当城市的孩子在周末有父母陪伴看电影、做游戏时，他们在忍受孤独和寂寞；当城市的孩子晚上和父母一起阅读，从父母的故事中走入梦乡的时候，他们只能自己熄灭那盏孤灯，在黑夜中战战兢兢地睡去。

亲情的缺失让孩子没有安全感，只有孤独、寂寞和恐惧伴随左右，这种状况容易导致留守儿童“亲情饥渴”，心理、性格等方面易出现偏差，学习受到影响。情感冷漠、自卑懦弱、行为孤僻、性格内向，缺乏爱心和交流的主动性，还有的脾气暴躁、冲动易怒，常常将无端小事升级为打架斗殴，这些常常是一些留守儿童在校的表现。

对于这个群体，我们需要特别关注，对于这个群体，我们需要特别用心。这群孩子的心灵温暖更需要来自生活中、学习中同伴和教师的关爱。教师和同学就是这些留守儿童成长过程中亲情的源泉。在学校生活中，教师应该多给予他们关怀，无论是学习还是生活，哪怕老师一个温馨的问候都会直抵那颗孤独幼小的心灵。生活中，同学要多发挥作用，可以把邻近的同学组建成一个小的共同体，当友情时刻伴随在孩子左右，孤独就会被驱走。相互依偎、抱团取暖会让孩子们拥有更多的安全感。

留守儿童——乡村教育的泪点，渴望随着社会的发展，城乡二元结构的日趋消融，让外出务工人员回乡创业，既解决了生计问题，又可以使留守儿童问题迎刃而解。钱可以明天再挣，但是孩子不可以明天再养，错过了就是一生的遗憾。作为教师，我们改变不了现实的生活，但可以用我们的行动改变校园的教育行为。

原文写于2016年1月28日

附：学生作文

生活让我更坚强

广饶县共青希望小学四三班　常程辉

爸爸妈妈进城打工已经两年了，只留下我和奶奶在家，开始一段时间，我连哭带闹，不让爸爸妈妈离开我。但时间长了，心里也就慢慢平静了。

父母在家时，我什么也不用干。父母打工去了，很多事情都要自己来，于是我就尝试着给自己“打工”。首先，学洗衣。作为一个男孩子，这件事情我学起来不容易。一件衣服“洗”过之后，晾干一看，就像是中国地图。后来，奶奶告诉我：“先倒水，再放洗衣粉，浸泡五分钟后再多揉几遍。”就这样，衣服、被子等我都会洗了。做饭，虽然是个难事，但我每天在奶奶的“指导”下，做的饭菜虽不算好，但还有滋有味的，因此，我还常常受到奶奶的夸奖。

最头疼是我的学习成绩老是不好，主要原因就是粗枝大叶，看过的就不愿意去想，更没去记。父母打工后，为了让奶奶高兴，我努力学习，作业按时完成，学习成绩一天比一天好。我还经常读课文给奶奶听，讲故事逗奶奶笑。有时，还把书上的道理抄下来，写进书信中寄给父母。就这样，我也学会了边看书边动脑筋的习惯，学习成绩也有明显提高。

可是，每当看到别人家的孩子依偎在父母的怀抱时，总会有一些心酸。老是感觉时间过得真慢，我天天都想着日子快点往前走，想着赶紧放寒假，想爸爸妈妈能快点回家，快快乐乐地过个团圆年。

在没有大人的日子里

广饶县共青希望小学四三班　李玉晓

记得我很小的时候，爸爸妈妈每天都很忙，不能在家里照看我。这么多年来我都是在奶奶家度过的。

星期天，奶奶住进了医院，我独自一人在家。没有人陪我，好孤单啊！夜深了，没有人来叫我睡觉，没有人来给我盖被子，没有人听我说学校发生的事！这样的日子真的好难过！

晚上十点左右，我打开电脑，挂了QQ，妈妈竟然在线！这使我欣喜若狂！于是，我便和妈妈聊了起来。她在网上对我千叮咛万嘱咐，唯恐漏掉了什么。真想立刻见到妈妈！

爸爸妈妈都不在家，奶奶又生了病，什么事都要自己干，自己洗衣，自己做饭，自己打扫卫生……一天下来，真的好累啊！我真切地感受到了平日里父母的辛苦！

以前妈妈在家的时候，我总是爱和妈妈顶嘴。现在，想起当时的场面，真觉得对不起妈妈！

晚饭时间，没有妈妈，我仿佛已忘了吃饭，可是总得吃点什么啊，想起妈妈为我做的可口饭菜，真想流口水！爸爸妈妈，你们快回来吧！女儿好想你们啊！想你们对我嘘寒问暖的话语，想你们给我做的饭菜，想你们……

这段时间是我觉得最孤独的日子，一个人的日子真的很不好受啊！

爸爸我好想你

广饶县共青希望小学四三班　姜云涵

“爸爸……爸爸……我好想你，我喊你听到了吗?”我代表千千万万像我这样的孩子大声喊：“爸爸，我爱你，我想你。”

我的爸爸常年在外打工，很少回家，每当看到别人和自己的爸爸撒娇，我就特别羡慕，但回过头来想想，爸爸工作一天累得要命，用汗水挣来的钱为我交学费、生活费，为我买漂亮的衣服，可是他自己却很少买新衣服，想到这些我直想掉眼泪。

有一次，我放学回家，看到桌子上的图书和水果，想到是爸爸回来了，我高兴得跳起来了，当时和爸爸来了个拥抱，我还把今天在学校发生的趣事和爸爸分享了，妈妈还做了一桌子的菜，我还给爸爸夹菜呢！爸爸夸我懂事了，夸得我心里美美的。饭后，爸爸辅导我做作业。到了晚上，兴奋得我一晚都睡不着，就连晚上做梦都是爸爸的模样，好想让时间停住。遗憾的是一早醒来，爸爸又回打工的地方去了，妈妈说怕我伤心，没有告诉我，我没有埋怨爸爸，理解他，心里祝愿爸爸工作顺利。

爸爸在我心目中是善良的，乐于帮助别人，是我心目中的榜样，爸爸为我们打拼，我怎能辜负爸爸对我的期望呢？我一定努力学习，认真学习文化知识，用优异的成绩回报他。

今年爸爸要回来

广饶县共青希望小学四一班　孙月晴

昨天接到爸爸的电话，爸爸说今年要回家过年啦！

大年除夕是个美好、祥和、团圆的夜晚。家家户户欢聚一堂，吃着水饺，品尝着甘甜的瓜果，欣赏着电视里的春节晚会，外面燃放着五彩缤纷的焰火，一家人享受着无尽的天伦之乐。“每逢佳节倍思亲”，谁都希望在春节能够得以全家团聚，这是人之常情，但我们家总不能如愿以偿。我爸爸在外地打工，因为忙于工作，一连好几个春节都不能和我们一起度过。每到此时，我不禁想起苏轼的《水调歌头》：“但愿人长久，千里共婵娟。”

今天的春节，我们原本也没奢望爸爸能够回来和我们一起过节。听到妈妈的手机中传出的那个渴望已久的熟悉又陌生的声音，我兴奋的心情难以用语言表达。我来到院子里，抬头望，只见月亮害羞地盖着层面纱，过了很久，才轻轻地掀起它的面纱，渐渐地露出它的那张能发光的脸蛋。我静静地望着，心里对遥远的月空充满了无限的遐想……月亮姐姐，那白银盘是你美丽的容颜还是你的明眸？

恍惚间，我和月亮融在一起了，小声吟诵着：“小时不识月，呼作白玉盘。又疑瑶台镜，飞在青云端。”一阵风吹过，我才发现自己不是月亮，而是在赏月。月亮啊，你也快回家去，准备过年吧。

下　篇　乡村支教之记忆

走进乡村就是走进了自然。漫步乡村校园，清新朗润的田园气息扑面而来，“柳浪闻鸟鸣，松涛伴书声”，书院的韵味让人回味。一年的支教生活匆匆而过，而置身于这片田园气息浓郁的乡村校园，留给了我深刻的记忆。在这些日子中，总有一些或感动、或深思、或直击心灵的人和事，沉淀为我永久的记忆，温暖过我的岁月，芬芳过我的教育梦想。

开启支教生活

清香袅袅的早晨，我驱车40公里，前往今年所要支教的学校。公路两旁的树木急速地向车后退去，一同渐行渐远的还有那喧嚣轰鸣的城市。穿过几个小村庄，在一条蜿蜒的乡村小路尽头，我看到了一所宁静的小学，它坐落在一片麦苗青青的田野之中，周围绿树成荫，清风徐徐。风声麦浪，似一曲动人的乐章。对一个在城市的轨道上奔跑了近二十年的教师来说，这片芬芳的泥土地和静谧祥和的田园，足以让我产生"久在樊笼里，复得返自然"的愉悦之感。走进校园，院子不算大，但精致而干净。标准的红色塑胶跑道、一座三层小楼、几排平房包含了这所学校所有的建筑。这是一所建于2000年，服务于八个行政村的小学，目前拥有四百多个学生，三十几位教师。

走进教室，多媒体设备、学生直饮水设施一应俱全。学校领导介绍道，近几年，随着上级对农村学校政策的落实，乡村学校的硬件设施有了大幅度提升，与城镇学校的基础设施水平不相上下，农村孩子的学习环境有了较大改善。这是实施教育均衡发展以及农村中小学标准化建设的成果。在校园里走了一圈，看着一个个稚嫩淳朴的孩子，我在想，既然硬件设施都已达标，当下的乡村小学究竟还缺什么呢？他们需要支教教师带来什么呢？接下来深入到教育教学中，我似乎找到了答案。

乡村学校不缺现代化的教学设备，但缺少让现代化教学设备发挥作用的师资队伍。我了解到，这所学校目前共有任课教师三十二名，其中年龄超过五十岁的老教师就占了近三分之一，这里既有年迈的民办教师，也有因身体等因素不适合担任繁重教学工作而从中学调整到小学的教师。学校已经近五年的时间没有新进大学毕业生了。这就导致学校即便拥有现代化的教学设备，却仍有许多老教师无法得心应手地去操作。这种现象不是个例，其他乡村小学也普遍存在。究其原因，随着农村外出务工人员的增加，乡村的学生流失较多，按照上级文件划定的师生比例，这样的乡村小学不可能新增教师编制，所以这种现状在一段时间内不可能改变。教师队伍成为了制约乡村小学发展最突出的问题。我期待着山东省教育厅、省机构编制委员会办公室、省人力资源和社会保障厅《关于推进中小学教师县管校聘管理改革的指导意见》《山东省教育厅等4部门关于推进县（市、区）域义务教育学校校长教师交流轮岗意见》文件精神的落地，以应对当下乡村小学的发展困难。

乡村学校不缺教师的爱岗敬业精神，但缺少教育改革的前沿理念。纯朴、勤奋、爱岗敬业的精神是乡村学校教师与生俱来的品质，这是乡村纯朴的环境所造就的。早晨他们在星光的陪伴下来到学校，中午和孩子们吃住在一起，晚上在朦胧的月光中回家，这就是乡村教师的生活写照。如此敬业、如此勤奋地工作，体现在孩子们身上的结果就是成绩。虽然素质教育的口号不知被喊了多少年，课程改革的春风也吹了十几年，但春风却始终“不渡乡村关”。在这样的环境下，没有人能冲破制度的束缚，没有人敢拿学生的成绩和自己的教学成果进行课改实验，所有的教学工作都围绕学生的考试展开。教育改革理念、学生核心素养的发展，似乎还和这里的师生没多大关系。这些敬业的老师，只聚焦了学生的成绩，他们兢兢业业的态度，让学生在成绩这一条窄窄的小路上突飞猛进，却忘记学生兴趣的发展，忘记了学生核心素养的提升，甚至忘记了学生还是正在度过他们一生仅有一次的童年生活的孩子。

乡村学校不缺执行上级制度的执行力，但缺失自主发展的空间。山东省教学基本规范，细致到了教学的每一个环节，使得教育督导评估有了具体的指标。不可否认，这些规范确实匡正了学校的办学和教师的行为，但在课程改革推进的今天，也成了改革路上的绊脚石。乡村小学处在教育的最末端，省（市）、县（区）、乡（镇）都能对它们起到监督和督促作用，乡村学校一级只剩下执行的权利，不折不扣地执行上级的文件要求，久而久之，乡村小学便失去了自主发展的空间和主动性。有的老师十分形象地把乡村小学的办学比作为“戴着手铐脚镣在跳舞”。想让乡村小学焕发办学的生机与活力，就必须给学校办学的自主权和自主空间。不仅是乡村小学，任何一所学校要想办出自己的特色，都必须拥有自主办学权和自主办学空间。

乡村小学借助城乡教育均衡发展的机遇在改善了硬件设施的同时，软件能力——办学水平也需要提高。我了解了乡村学校发展的需要，也就明确了自己支教工作的方向。暮色已至，一片透明的灰云，淡淡地遮住浅浅的月牙儿，袅袅的炊烟氤氲着整个村庄。恬静的乡村学校弥漫在一片柔和的气息中，我的乡村支教生活拉开了序幕，从今天开始，我成为了一名守望乡村教育的支教者。

原文写于2015年9月22日

（原文发表在《中国教师报》2015年12月16日第5版）

城乡教师牵手走进象牙塔

几周的支教生活，让我初步了解了乡村小学的教学状况，我更加清晰地认识到，改变需要唤醒。仅为学生上几节课的支教方式，充其量也只是给学生带去点新鲜空气而已，也许还没等你走出校园，新鲜的空气便稀薄了许多，当支教生活结束时，曾经的清新之风也许早已消逝得无影无踪。事物的发展变化，总归是外部因素和内部因素共同作用的结果，外因必须通过内因起作用。想要改变学校，首先要从提升本校教师的理念入手。支教，应该支在教师理念的提升上，支在学校全局变革上，支在学生素养的提升上。如果能有幸带动教师理念的变革，就能推动学校全局的发展。等支教生活结束后，教师队伍素质提升了，学校也就发展了，学生也就自然受益了，这才应是支教所达到的最终目标。

寻找到了支教工作的突破口后，我将自己的支教想法汇报给了双方学校的领导，并得到充分的支持与肯定。恰逢学校组织新入职教师赴北京师范大学参加全国“儿童与语文”教学研讨活动，经协商后，我为支教学校争取到了两个名额。乡村学校接受培训的机会主要经由县教育主管部门提供，但限于经费等原因，乡村学校教师参加高端专业培训的机会并不多。在学校领导的大力支持下，支教学校教师的学习费用由本单位支付，成功落实了针对支教学校提升教师理念的第一步。

10月28日，带领吴少芳和赵倩两位语文教师，我们一行人走进了北京师范大学——这座众多学子心中圣洁的象牙塔，进行了为期两天的培训。培训期间，教师们一起观摩了三位全国特级教师的课堂教学，感受到了特级教师在课堂上的魅力与风采。雪野老师执教的儿童诗《云》，致力于发挥儿童的创造力与想象力，在儿童诗写作方面有着独树一帜的见解和创作。何捷老师执教的《绘本课》生动风趣，与孩子互动妙趣横生，深受与会教师们的喜爱，会议现场时不时迸发出阵阵笑声。张立军老师执教的《草原》，改变了传统的授课方式，致力于使孩子们学会"联想""转化"的学习方法。三位教师的展示课让在场的语文老师印象深刻，受益良多。

本次培训会议上，小学语文界领军人物王荣生教授、崔峦先生还发表了真知灼见。王荣生教授就阅读教学给出了三方面的建议，提倡语文课要上成"真语文"，给了现场教师许多启发。小学语文界泰斗级人物崔峦先生的报告《变革中的小学语文课程与教学》提出了当下小学语文的改革方向，给予了当下课程改革以充分的引领导向作用。

本次培训活动，各位教师还实地走访参观了北京中关村一小和北京师范大学实验小学，亲自感受了当地不同的校园文化，并参加了分会场举行的公开课听课活动和教师工作坊活动。

在当晚的学习研讨会上，来自支教学校的两位老师无比激动，畅谈了她们的学习感受。她们兴奋地表示，这是她们近几年以来接受到的最为前沿最为专业的培训，不仅能深入北京的名校，在体验了名校风采方面过足了瘾，更重要的是，在她们面前，一扇充满人文关怀的教育者大门敞开了，课堂教学的视野开拓了许多，这让她们不禁感慨，原来语文课还可以这样上。两位老师表示，返校后她们将会在全校做汇报，将触动到她们内心深处的教育新风，传递给学校的每一位教师。

参会教师与课程专家崔峦合影

也许一次两次的培训解决不了现实教学生活中存在的所有困难，也许短时间内学校的课堂教学现状仍然难以改变，但我相信一粒种子的萌芽，一定会唤醒沉睡的大地。

跟随团队学习的赵倩老师在随后的学习日记中写下了如下感悟：

破茧成蝶

——北京学习的心得体会

很荣幸跟随东凯的李玉玺老师去北京师范大学学习。这次外出学习让我深深震撼，不禁对自己的教学进行反思。毕业以来，我深受广饶教学模式的影响，并且因把这种模式运用自如而沾沾自喜。然而北京之行让我明白，其实我们是井底之蛙，只窥见了冰山一角而极尽卖弄。而身边的同事以及兄弟学校同行相互评课时也只是随声附和，真是一叶障目不见泰山。其实我们只是以本为本，单纯完成教材内容，而没有从整个大语文的角度宏观把握，去培养学生学习的能力，提高其人文素养。我们的教学模式也许在应试教育的背景下会取得赫赫战绩，然而仔细思考，我们的成绩是以牺牲学生的长远能力取得的，所以造就了很多高分低能的学子。这是行政过分干预教育的悲哀。当真正的素质教育来临，我们不真正地转变，是否会狼狈不堪？

听大家之言，犹如醍醐灌顶。让我明白要厚积薄发，返璞归真。很多专家提出多识字，多积累古词。北京小学的学生能掌握两千首古诗，让我很吃惊。因为我们的古诗词教学只停留在学会必考的那些，浅薄地以为把这些必考的内容弄得滚瓜烂熟就足够了，而忘记了去引导学生大量诵读古诗词，吸取其蕴含的精华。我们的目光只停留在课本上，但别人却早已积极积累。积少成多，我们的学生和北京的学生长此以往将会有天壤之别。

还有我们可敬的崔峦先生在语文变革的方向中提出六点：写一手好字；读懂一篇好文章；写一篇通顺的文章；好口才演讲的能力；要有一种好的习惯；多背文言文。扪心自问，我们做到了吗？答案是否定的。即使听县里组织的公开课，我们的学生也存在读起来拖音、毫无感情可言等问题，甚至连回答问题也说不出完整的话。虽然教师表演得眉飞色舞，基本功无懈可击，但学生能力提高的幅度很小，这便是教育的失败，也没有实现教育立德树人的目的。我们呈现的只是学生可观的分数。从现在起，只要我们的观念一点点改变，真正地授学生以渔，教给学生阅读写作的方法，就会让他们终身受益。

听了雪野先生给北京小学生上的三年级的诗歌课，我感觉他们的学生是幸福的，因为有个如诗的童年。而反观我们的学生呢？我们从未对学生进行诗歌方面的训练，因为我们的学生不考。难怪我们学生的语言苍白无力。我们折断了学生想象的翅膀，他们怎能振翅飞翔？从现在起，我要教孩子们如何去写诗歌，如何去观察、发现生活中的美，还孩子一个诗意的童年。此外，北京的孩子演绎的课本剧也让我深受震撼。听他们学生的语言，抑扬顿挫，看他们学生的表现，淡定自如。他们朗诵的诗歌、人物的对白，真是演绎得入木三分，让我自愧不如。从现在起，我要多给学生表演的机会，让他们体会人物的特点，去表现去演绎，锻炼他们的口才和表演能力，而不仅仅局限于课本知识的掌握。

何为教育，说文解字中解释为："教，上所施，下所效也"，"育，养子使作善也"。这次北京之行让我真正开始思考语文教育的本质，我们不能过度注重人文性，而忽略工具性。语文教育应该是人文性与教育性的统一。作为老师不能仅仅机械地教学生知识，而是要不断地反思与探究。是啊，你若盛开，清风自来；你若破茧成蝶，便会翩翩起舞，便会吸引学生在知识的花海里自由徜徉。

原文写于2015年10月28日

爱心教育彰显人文教育底蕴

——在全乡班主任论坛上的发言

元旦刚过，支教学校所在的乡镇举行班主任工作论坛，乡镇教育办领导邀请我们学校两位班主任作经验交流，并邀请我做一个简短的报告。当天上午共有四所学校推选出的十六位班主任教师做了交流发言，内容翔实而丰富，我听后感受颇多。班主任应该是孩子成长过程中的重要影响者，也是孩子童年生活中最值得的回忆的人。

作为班主任老师应该树立正确的职业认同感。班主任特别是小学班主任，就是一个繁杂忙碌的角色，有的老师可能出现为难和抱怨情绪，其实我们走过一段教育之路再回头看时就会发现，因为做了班主任工作你收获了孩子们对你的感恩，收获了自己的专业发展。许多年以后，能够让孩子记得住的人是班主任老师；许多年以后，能够让学生怀念的人是班主任老师；许多年以后，能够让孩子们感恩的人还是班主任老师。因为做了班主任工作，因为在孩子们身上付出了更多的关爱，所以班主任也会获得更多的回报。从一定意义上说，缺少做班主任工作经历的老师，其教育生活是不完整的。

班级管理工作要适度失控，给孩子留足成长的空间，让童年的味道浓郁。学生，首先是孩子，是儿童，不应该是小大人。否则孩子就失去童年，失去童真，失去童年应该有的创造力，这样的儿童生活是不完整的，会为孩子今后的成长埋下隐患，因为孩子童年生活的缺陷一定会在某一成长阶段进行弥补，需要弥补的时候就有可能造成一定的成长不良症状。如何让孩子的童年完整而童味十足，那就要看班主任工作的艺术。适度失控的内涵就是要给孩子留下成长的空间，允许孩子犯错，给孩子自我修正的机会。我们经常听到这样两句口号：“一二三，坐端正；四五六，闭上口。”当听到课堂上不断重复着这两句口号时，我有些异样的感觉：这是泯灭孩子天性的口号，这是扼杀孩子童真的标语。用口号来约束孩子的老师只是享受着在安安静静的课堂上顺利完成自己教学任务的过程，却忽视了孩子的学习感受。安静的背后是思维的停滞，是自由表达的遗失，是灵感的流逝。作为一个有着数十载教学经验的教师，我一直认为低年级的孩子应该拥有一个宽松的课堂环境。只有营造一个让孩子们心理安全的课堂学习环境，孩子们才会敢想敢说。孩子们敢想敢说了，思维也就活跃了，只有思维活跃了，才会有真正的学习。到了高年级往往会凸显这样一种情况：班级纪律越是高度严格，学生思维越是固化。这不得不引起班主任的重视。当我们泯灭了孩子的天性时，课堂上也就没有了孩子们的童真童趣。当然，这样的课堂上也就没有了儿童的思维，没有了儿童的创造。适度失控，让孩子的童年味道再浓郁一些，我想教育意义会更大。

构建属于自己的班级生活。班级生活就是班级的生活，是指在班级这个特定空间，由师生构建的特定主体为了获得更好的生存与发展而开展的各种活动。班级生活包括：班级文化、班级课程和班级活动三部分内容。班级文化就是班级教师和学生共同创造出来的生活方式，这种生活方式会直接影响人的发展，如同家庭生活对孩子的熏陶一样，有什么样的班主任就会有什么样的班级学生。这就是班级文化的作用，班级文化生活对学生发展而言最突出的影响力在于能有效地提升学生的精神气质和生活品质，增强班级凝聚力。另外，做好班级工作还应该依托富有班级特色的班本课程，让孩子们过一种完整幸福的生活。我引领二年级学生仿写儿童诗，让孩子经历一种诗意的旅程，留下儿童生活的痕迹，最后出版了《如诗的童年》，为孩子们留下了童年最美好的回忆。儿童是天生的诗人。小学二年级，我们不会写诗，但我们可以从仿写开始；我们不是诗人，但我们自得其乐。这就是文学作品骨子里的魅力。我和孩子们一起走过了书声琅琅的二年级，留下了这样一些或想象驰骋、或清新稚嫩的文字。也许有的算不上真正意义的诗，可是这些并不重要，重要的是我领着这样一群七八岁的孩子走进了一片属于他们自己的文学天地，把诗性植入了孩子的心灵。他们长大后不一定会成为诗人，但有了诗的根，有了诗的灵性，他们便会拥有诗意人生。我为此欣喜，给了孩子们一片童年的天地，为他们编织了一个诗意的梦。童心最美，童诗最好。在幼小的心田播下诗的种子，用诗的精神滋养孩子的灵魂。写诗的孩子眼中有美，写诗的孩子心中有爱，写诗的孩子气质更好，写诗的孩子品格更高尚。最美的心路从童诗起步，他们的人生将更加深厚、丰满、纯粹。

班主任工作要用心、用情，更要用智。班主任工作事无巨细，繁杂而忙乱，作为班主任要学会在忙杂乱中理头绪，繁杂多中用智慧。在班级工作中，我实施的班级工作日志取得了较好的效果。撰写教学笔记是教师的一项常规工作，以教学反思和教育故事的形式撰写教学笔记成为了我多年的教学习惯。随着教学阅历的增加，一本本教学笔记沉淀了我对教育教学的思考，一篇篇的教育故事记录了一个个值得回忆的精彩瞬间，每当翻阅这些笔记的时候，眼前都会浮现出过往的教育片断。尘封的这些文字不仅积淀了我对教育的思考，也是对学校常规检查的应付，其实这些记录着孩子学习生活的文字还应该发挥更大的作用，我一直在思索着怎样才能发挥它们更大的价值。新学期开始以后，接手的这帮孩子以进城务工人员子女居多，家校沟通成为了一个尤为突出的问题。电话、微信只能作为简单的通知使用，不能够做到与家长具体全面的交流和沟通，我于是想到了教学笔记。为何不让我的教学笔记在学生和家长之间流动传阅，让它成为联系家校的桥梁，起到沟通师生和家长的作用，这样教学笔记的价值不就得到发挥了吗？于是本学期我把教学笔记命名为“班传日志”进行尝试。班传日志中我把学生在学校、在课堂发生的各种故事和学习生活中的精彩瞬间记录下来，以教学反思、教学叙事和教学故事的形式写成教学笔记。写完后让学生轮流带回家阅读，阅读后还要在文章后面写上自己的读后感或想说的话。最后，家长阅读老师和学生的文章记录下自己的家教心得或发表某一方面的教育观点。这样一个完整的日志由教师、学生和家长分别撰写完成。第二天，教师书写新的教师笔记后再传给下一位同学和家长阅读、记录。老师、学生和家长既成为了班传日志的作者，又成为了班传日志的读者。班传日志中的课堂教学反思让家长能够触摸到真实的课堂教学，了解学生的学习生活。班传日志汇集着家教的智慧。家长是学校教育的优质资源，通过这样的一种方式，将这种教育资源的优势发挥到了极致，日积月累我们的班传日志就会成为一本优秀的家教著作。各位家长既是作者又是读者，既是实践者又是旁观者，既是家庭教育的事中人，又是家教理论的践行者。这本班传日志汇集了各位家长现身说法的案例，凝结了各位家长的智慧，成为一本微型的家教著作当之无愧。经过一个学期的实践，班传日志已经变成了厚厚的一本宝贵的资料。它既成为了学生争相阅读一试写作身手的平台，也成了教师反思教育教学的积淀池，还成为了家教经验交流的集结地。班传日志这样一个小小的创新，起到了师生、生生、家校、家家之间相互沟通和交流的作用，既倾听到了学生与家长的心声，又让家长了解到了教师教学和学生的在校表现，成为了一座教师、学生、家长的互通式立交桥。

有一种声音，需要我们用心来倾听；有一种绽放，需要我们用爱来守护。孩子如花，百花自有百花的姿态，一朵更有一朵的独特。作为班主任，为人师，要懂得欣赏，勤于呵护，乐于守护，化无形之爱于细微，让他们快乐、自信。让每一颗种子都能在教育公平的阳光下吐露芬芳。

原文写于2016年1月5日

正面管教受的启发

这一周的支教活动不再是课堂教研活动，而是为学校老师联系了一场教育报告会。报告会本来是准备给支教学校全体教师做成团体培训，可是镇教育办的领导把通知下发到了全镇，结果全镇的班主任老师以及学校的管理层，乃至全镇幼儿园的园长都接到通知，参加了培训。且不说本次参会的范围，单说乡村教师迫切需要有营养的培训，给了我很大的启发。

本次提供培训的是东营市心理学会，在心理学会秘书长王学红老师的支持下，我们邀请到正面管教讲师徐老师为我们提供一场公益讲座。“正面管教”一词第一次耳闻，于是百度，搜索解释如下：正面管教是一种既不惩罚也不娇纵的管教孩子的方法……孩子只有在一种和善而坚定的气氛中，才能培养出自律、责任感、合作以及自己解决问题的能力，才能学会使他们受益终身的社会技能和生活技能，才能取得良好的学业成绩。

这样的一种教育方式是当下我们做父母和教师当需的教育策略和方式，于是我们对报告会怀有极大期盼。接近两个小时的报告精彩纷呈，氛围高涨，互动效果良好，会后和老师们交流分享，老师们纷纷表示收获颇多。

“打开对方的拳头”给予的教育启示。活动一开始徐老师将听讲座的老师分成了两人一组，要求乙方举起握紧的拳头，另一方想方设法打开对方的拳头。要求一说，只见要求打开拳头的老师摩拳擦掌跃跃欲试，上手就开掰。这边越掰，那方就握得越紧，你越是用劲掰，我越是用劲握。一时间会场呼声四起，有的用力掰开了，对方却忍受了疼痛。有的没有成功，却也落得手指用力过猛而抽筋。总之无论结果如何，总是有一方或者是双方受到伤害。这样一个活动带给我们一个巨大的启示，我们教育孩子不正是用的这种掰开拳头的方式吗？在这个活动中也有的老师采用另外的方式，比如准备赠送一个小东西，或者是创设一种让对方主动伸开拳头的情境，结果就会是双赢的效果。我们教育孩子如同打开拳头一样，同样是达到目的，为何不讲究一下策略，粗暴的方式只会让对方受伤害，换一种思维方式却会收到意想不到的教育效果。

我们经常使用让孩子难过的方式去爱他们。在教育孩子们的过程中我们经常会使用：指责、惩罚、羞辱、利诱等，这样的方式都表现出了我们在教育孩子的时候沟通方式出了问题。为了让教育结果具有分量和说服力，父母和老师经常以爱之名对孩子采取暴力或冷漠的教育方式，殊不知这样的爱让我们的孩子感到难过并深深伤害了他们，要让孩子做得更好，首先得先让他感觉之前的表现很糟糕。正面管教的理念却是要用和善与坚定去赢得孩子，用启发引导犯错的孩子。“如何不惩罚、不娇纵地有效管教孩子”是无数家长和老师亟须解决的教育难题。报告中提到的“积极的暂停”与我们平时经常讲的“冷处理”有异曲同工之处。要想赢得学生的赞同和支持，首先就得冷静下来，任何问题都应该是在心平气和的前提之下，才能得到最妥善的解决。犯错的孩子需要“暂停”下来去冷静地思考自己做错了什么，老师也需要时间去设身处地理解学生的行为目的或是动机。严厉的训斥或许可以迅速地解决一些问题，但是这种做法对学生却没有尊重，而且从长期效果来看，也是不奏效的。我们希望看到的是学生能够正视自己所犯的错误，并且在以后遇到类似问题时能做得更好。这就要求我们得学会把错误看作是一个让人学习的机会。让孩子认识到犯了错之后，得到的不是自己的懊悔和老师的斥责，而是从错误中得到了哪些收获。报告中给我们提供了一条行之有效的方法——用启发性的问题引导犯错的孩子。启发性的问题首要目的就是让老师和家长停止告诉孩子答案。当孩子的思想或是行为不恰当时，帮助孩子分析接下来应该做什么，让孩子学会自己分析和总结，最终与孩子一起选择最佳的解决方案。这种方式的好处就在于可以减少孩子的负面情绪，从内心深处认识到自己的错误，并且还能对解决方式更加认同。这种教育方式是建立在互敬与合作的基础上，教会孩子学会对他人理解和宽容，对自己的一言一行负起责任。这样好的教育方式，确实值得我们在平时的教育教学工作中进行大胆的尝试。

赢得孩子的合作，是教育孩子的最佳方式。首先令我们感触较深的就是报告中提出的“和善与坚定并行”以及“赢得孩子”。孩子是随时随地都在发展和变化的社会人，他们有自己的思想和信念，都需要实现自我的价值。对待孩子的方式不能简单地归结为批评和奖励，我们应该在让孩子形成良好自我价值感的基础上，培养孩子对自我的认识以及对老师和家长的认可和信赖。我们要做的不是“赢了”孩子，而是“赢得”孩子，得到孩子心甘情愿的配合。否则孩子就学会了通过观察别人的反应来判断自己行为的对错，失去了自我评价和内省的能力，从而逐渐被老师和家长培养成“讨好者”或是“总是寻求别人认可的人”。根据科尔伯格的道德发展理论，这样的学生还处在道德观念发展较为低级的层面，也就是说这个阶段的儿童认为一个人的行为正确与否，主要看他是否为别人所喜爱，是否对别人有帮助或受别人称赞。但是，我们要培养的学生应该有自己的道德准则，并知道自己要如何去做。报告告诉我们，其实想要赢得学生的合作并非难事，只需要经过四个步骤：首先，表达对孩子感受的理解。其次，表达对孩子的同情。再次，告诉孩子你的感受。最后，让孩子关注解决问题。只要赢得孩子的积极合作，教育就会收到最佳的效果。

支教活动的一场报告让大家拥有了教育收获满满的一个下午。

原文写于2016年4月13日

“农味”十足的乡村教研活动

教研活动是有效促进教师专业发展的最根本、最实际的途径。为此，教研活动的实效性就显得尤为重要。教研活动的实效性首先要体现在活动的务实性上，活动内容必须根植本校教育和教学的实际，否则活动的意义就会大打折扣。其次，教研活动的实效性还要基于教师的现实发展需要。作为乡村学校教研活动，必须要根植乡村学校实际，让教研活动“农味”十足。

在平时的教育教学活动中，我曾参加过不少的培训活动和专题教研活动，也见到许多“听着激动，学着心动，回来原地不动”的现象。究其原因是教研活动的理念与方式脱离了自身所在学校的实际或是教师本身发展的现实需要。“拿来主义”虽然方便快捷，却缺少让理念生根的土壤，往往“南橘北枳”。在培训中也遇到过一些学校，为了提升乡村教师的教学技能，不惜在财力和人力上花费大力气，送教师参加各种高端的培训和教研活动，可是效果却并不甚理想，根本原因在于这一类的培训目的性不够明确，教研内容诞生在学院派，脱离了乡村教师现实的教育环境和实际发展需要。

来到支教学校已经有一段时间了，期间我了解到学校在教师外出培训和参加主题教研活动方面增加了经费投入，这样的学习机会的确开阔了教师的视野，在一定程度上提升了教师的专业技能。但我们也不难发现，乡村教师在对城市学校的观察学习中，很难融入其中，除感受到城市学校的办学条件、资源和环境与乡村学校的巨大差异之外，内容和过程方面很大程度上是“走马观花”。诸多的培训和教研活动，一定程度上远离了农村及教师的实际情况，没有考虑到乡村教师的实际需要和乡村教育教学中突出的问题，少了“乡村味道”的培训，培训效果自然降低了不少。

相比这些投入大量人力和财力的培训，带有“农味”的区域教研活动则彰显出它巨大的优势和价值。我所在的支教学校参加了由乡镇教研室组织的“六校共同体”教研活动。这是一个由学校自发组织的区域教研活动，活动由六个学校轮流承办，活动内容和主题分学科、分年段进行，主要是针对六所乡村学校教育教学中存在的共同问题进行研讨。教研活动不但分类进行，同一类活动还会根据教师年龄情况分层次进行。在教育实施主体方面，既有教龄五年以下的年轻教师达标教研活动、青年教师成长展示教研活动，又有中年教师教学思想专题教研活动等；在教研活动内容方面，既有乡村学校学生阅读习惯及能力培养专题教研活动、乡村学校基于现状的课程研发教研活动，又有乡村学校班主任工作论坛等。这些活动不仅针对性强，具有实效性，而且“农味”十足、接地气，研究真现状，解决真问题。这样的分学科、分层次进行的活动，照顾到了各个层面教师的差异，既让年轻教师一展风采，又充分发挥了中年教师的引领示范作用。

诸如此类的区域教研活动，立足于乡村学校教育教学实际情况，彰显出了巨大的价值和意义。当然，任何事物都有其两面性，此类区域教研活动也存在一定的问题，那就是活动范围相对封闭，容易使得教研活动在低层次水平上循环往复，久而久之使得整体区域教研水平较低。这种“农味”十足的区域教研活动，只要适当增加开放程度，在根植本土的基础之上，适时引进先进学校的理念，或聘请相关专家实地考察、把脉提升，教研活动就一定会迈上新台阶。

原文写于2015年12月17日

助学课堂传新篇

这一周的支教活动，我邀请了李光菊和薄其玉两位老师来支教学校上研究课。这两节研讨课是我们学校刚刚结束的课程整合研讨课中具有代表性的两堂课，是我们研究的“1+1”助学课堂中“1+1习作”读写结合课和“1+1篇阅读”整合课两种课型的典型代表。在下午的教研活动中，我做了一个专题报告，内容也是围绕我们研究的“1+1”助学课堂展开的。

李光菊老师执教的是人教版四年级第四单元的动物描写一组，课型是“1+1习作”读写结合课。李老师站在单元的高度，从阅读教学中引导学生学习作文表达方法。该单元是动物描写一组，是作者通过具体事例进行细致描写的典范文本。教学生从阅读走向表达，指向语用，这样的课型解决了教师不会指导学生习作的难题，也揭示了学生为何读了文本而不会表达的谜团。“1+1习作”读写结合课应该是由阅读走向写作的完美课型。下午，在教学研讨活动中，一位老师饶有兴趣地说，当听完了李光菊老师执教的课后，她没顾上听第二位老师的课，直接到自己的班级里“依葫芦画了个瓢”，结果效果非常好。显然，这是一节让人耳目一新的习作指导课，这也是我们研究“1+1”助学课堂解决学习习作教学环节的一个重要突破。我们旨在倡导学生在阅读中学习作者的习作方法，学会语用表达之后进行迁移运用，指向学生语用表达。有了习作方法的学习，学生的作文就不会出现不会写或者是空写套话的问题了。李老师的语文课上，学生在学习了习作方法之后，几分钟以后完成了一个精彩的小片段，立竿见影式的教学效果，让听课老师不禁大吃一惊。

就这种作文教学模式，下午的交流活动中我进行了重点阐释，解释了学生作文之困的谜团，找到了有效解决的途径，让语文教学回归了本源，让语用表达落到了实处，随着作文教学面纱的一层层揭开，老师们心中的迷茫渐渐褪去，用这种颠覆式的理念突破了传统的作文教学之困。这样一节研究课和我的研究成果浇灌了老师们干涩的教育心田。在回程的路上，参加活动的贵州省挂职校长感慨地说，今天她最大的收获是学会了怎样指导处在作文之困中的上四年级的女儿。

颠覆式的理念不仅体现在李光菊老师的“1+1 习作”读写结合课上，让传统和前沿发生碰撞的还来自于薄其玉老师的“1+1 篇阅读”整合课。传统的语文教学一篇课文上三课时，从教内容分析问题入手，从头教到尾。今天我们带来的却是一节课带着孩子学两篇的“1+1 篇阅读”整合课，这样的颠覆是360度的。薄老师执教的课题是《落花生》和《宋庆龄故居的樟树》，这两篇都采用了借物喻人的写作手法。薄老师利用前一篇完成教给学生方法的任务，然后学生进行迁移拓展，自主学习后一篇。这是我们研究的“1+1”助学课堂中比较成功的课型，这一课型理念挑战了传统单篇讲授的方式，这样一篇带一篇的方式，既体现了语文教学从教到学的转变，同时也体现了语文教学从教知识到助能力形成的蜕变，这是提升阅读教学效率的有效措施。

这样的课型，在下午的教研活动中又成为了一个热议的话题。语文之困在于高耗低效，讲解过多，阅读量不足，学生自主学习能力不强，大家似乎都能够看到当下语文教学的弊病，但是却又找不到有效的解决途径，今天的课型让他们眼前一亮，有一位师教师说，这是他听课以来最认真的一次，不敢有一点走神，恐怕漏掉一个教学环节。

贵州挂职校长到支教学校参加教研活动

下午我用了接近一个半小时的时间，结合两节展示课为老师们详细地阐述了“1+1”助学课堂的内涵及其特征。一双双渴求的眼神，引起了我内心的一阵激动。我想，在执教生涯中，用理念唤醒一个团队，让学生受益，应该是支教最大的意义。

原文写于2015年11月18日

踏雪滑冰去送课

2015年的第一场雪来得比以往早了一些。这是今年入冬以来的第一场雪，整个世界一片银装素裹，宛若仙境，总会把人们的思绪带入神奇的世界。然而对我而言，现实却像天气一样冰冷。因为这样的天气早上道路一定结冰，结冰的道路预示着支教路上行走的危险。

果不其然，早晨，车在路上如同溜冰一样，行驶到一处拱桥处，看到一辆车在半坡起步，车轮飞转，车身却毫无前行之意，任由车轮在半坡的冰面上飞驰。更危险的是如果车辆无法前行，后滑则会殃及后面的车辆。为此，我远远地停止了脚步。这样的路面必须一鼓作气让车子冲上去，半坡起步，的确是困难至极，危险至极。更无奈的是拱桥对面就是红绿灯，前遇红灯，停在半坡，只能是不幸而已。我好不容易过了拱桥，一路谨慎驾驶，车子尽可能平稳前行，但总也少不了或左或右的摆尾。遇此情景，我侧眼看看今天一同参加教研活动的崔佳星和宁雯两位老师，他们大气都不敢喘，双手紧紧拉住把手，一脸的恐惧。

用了平时三倍的时间来到支教学校，还好活动没有迟到。今天，活动有点特殊的意义，不仅是天气，更是因为参加执教研讨课的崔佳星老师就是从这个学校毕业的学生，台下有她不少的老师。今天看学生回母校执教公开课，别有一番滋味在心头，尤其是陪伴崔佳星老师五年的语文老师还亲临了现场。用崔佳星老师的话来说，这是一件极具压力的事情，为此她已经寝食不安了好几个日日夜夜了。

今天的研讨活动，崔佳星老师执教了“1+1篇阅读”整合课，内容是人教版三年级上册《赵州桥》和课外阅读课文《卢沟桥》两篇课文。崔老师采用为历史名桥设计名片的思路串联起了两篇课文，教学理念新颖，教学目标明确，能力迁移到位，学生学习效果较好。教师在学生前置性学习的基础上设计了“为赵州桥设计名片”的学习环节，致力于让学生读好文，进而抓住赵州桥的特点；然后教师进行迁移学文，放手让学生自学《卢沟桥》，也为这一座历史名桥设计一张名片。课上学生取得了较好的学习效果。课上到这里还没完，崔老师安排了课后作业，要求学生周末找一座我们家乡有特色的小桥进行观察，然后写成一篇小短文，并为它制作一张名片。这样的课堂教学借助社会实践来完成，让学生课堂学到的知识得到了运用，让知识活了起来。这样的课型为阅读教学提升了质量。

宁雯老师则执教了一篇京味十足的老舍的经典篇目《猫》。宁老师用这样的一种教学方式，为大家展示的是单篇经典文本我们教什么的问题。当下我们提倡提升学生的阅读量，但我们也十分清楚作文文本教材单篇经典篇目的教学价值。单篇经典篇目是学习语言文字的典范之作，它承载了文学的内涵，也承载着文化的价值，单篇经典教学中的单篇阅读教学不是可有可无的，一定要重视。在单篇经典阅读教学中，要充分利用精读课文，实现用课文教语文、教语文知识、教语文方法、教语文能力，从而达到举一反三的目标。

第三节课，我为大家执教了读写结合课。阅读和习作是小学语文核心能力的两大体现，如同人的两条腿。当前的现状是阅读教学的腿粗又长，而习作教学的腿细又短。有一副好口才表达自己的思想，能写一篇文从字顺的好文章表达自己的情感，二者都是小学语文教学的基础性工作，不可偏重其一。我所执教的“1+1”习作课型，就是为加强学生的习作表达而设计的课型，该课型的基本理念就是让阅读指向表达，从阅读中学习表达的方式、语言的特点，然后进行表达的迁移、运用。这样的习作训练既可以是片断的描写，也可以是微作文的练习，还可以是整篇的习作。“1+1”习作，改变了以往教一个单元写一篇文章的固有模式，而是让读写有效结合，顺读而写，这样的写作不固定也不模式化，有效地解决了学生无从表达的写作困境。这节课我教的是赵倩老师的班级，课下她告诉我学生回班级后兴趣盎然，都在自己动手写出优美的文字片断。

送课教师与支教学校语文教师合影

通过“1+1”的助学方式来构建整合后的语文课堂，有效地实现了阅读与习作的结合、课内与课外的整合、课堂与生活的融合，为小学语文课堂教学提质增效找到了一条较好的实践路径。同时这样一种以学为中心的助学课堂真正落实了从“教课文”到“学语文”的转身，从语文学科到语文课程的转变，从学科教学到学科教育的转身。“1+

1”助学课堂以学生为本、师教为助作为核心的课堂教学理念。课堂教学改革指向了学生学习方式的变革和教师教学方式的转变。教师从教知识指向了助力学生学习方法的掌握和学习能力的提升。“1+1”助学课堂的结构既凸显了教材培养学生能力的价值，同时又让学生的学习能力得到了迁移，既提升了课堂教学效率，又真正发展了学生。

活动至此，方才体会到了雪景的美丽。当然，今天真的很冷，一上午时间脚都麻麻的。

原文写于2015年11月25日

邀请教学专家走进支教学校

“几处早莺争暖树，谁家新燕啄春泥。”阳春三月，草长莺飞，2016年的春天来了。春的信息刚刚来到校园，似乎还带着些许寒意，希望小学迎来语文教学专家、东营市教科院教科室主任、东营市小学语文教研员孙传文主任来校指导课堂教学工作。本次教研活动是我该学期支教工作中的开局大戏，也是整个学期支教计划中的一项重要工作。由于孙老师定点联系学校的工作紧张而繁重，协调孙老师亲临学校，指导课堂教学工作实属难得。乡村小学似乎因为专家的到来，春光更显得明媚。校园柳树蓄势待发，如同崭新的生命等待绽放。

本次教研活动采取“同课异构”的方式进行，由希望小学的李效珍、丁庄中心小学的宋维梅和东营区丽景小学的王倩倩三位老师共同执教人教版五年级下册的《杨氏之子》一课，三节课后由孙传文老师进行点评。我虽然没有经历李老师备课、磨课的过程，但是从今天的教学效果来看，准备这节课她的确是下了功夫的。我对这样的教研活动一直保持自己的看法，教研活动不在于课堂最后呈现的结果，更在于为准备这样的一节课而经历的研讨过程。时至今日，课虽然已经上完，但研讨还应该继续。聆听了专家的点评，三位教师都发现了课堂存在的问题，课堂教学思路需要调整，调整后的教学思路还得需要回到课堂上进行实践验证，最后学生呈现出的学习效果，才是检验课堂教学设计是否成功的唯一标准。我们经历的许多研讨课，往往上完了，听了专家的点评，知道问题所在就算结束了，其实这只是完成了一半的历程，当然也就只收到一半的成效。为此，活动结束后，我特意嘱咐李老师针对专家的点评，结合其他两位老师上课的优点，进行自我反思，及时调整自己的教学设计，等时机成熟再次回到课堂上进行实践。这样一个过程才是教师成长的过程，这个过程才会彰显教研活动的价值和意义。

今天的小古文教学还是存在不少的问题，听过孙老师的点评后，我犹如醍醐灌顶。《杨氏之子》这一篇课文是小学阶段学生接触到的第一篇小古文，为此，课前应该让学生对文言文有一定的了解，教师可以补充一点相关的材料利于学生展开学习，孙老师如是说。关于课堂教学孙老师指出，首先，小古文的学习在内容理解上要区别于现代文，可以多用一点时间引导学生学习课文内容，但最终的学习目标应该回到语文课程的性质上来，本篇课文要让学生体会到文言文在语言表达上的特点是简洁精炼。其次，本文的教学重点不能够落脚到“杨氏子甚聪慧”上，而应指向“此是君家果。儿应声答曰：未闻孔雀是父子家禽”这样的语言表达艺术上来。如果课堂教学指向杨氏子“甚聪慧”，那就是指向内容的理解，而指向后者则是语用，理解内容是学习语言表达的基础，而不是语文学习的全部。三位执教老师当中有一位老师抓住“未闻”进行教学，体现杨氏子的礼貌，如果教学重点落脚到这个地方，显然不够恰当。此教学环节应该让学生弄懂课文中孔君平与杨氏子之间的辈分关系，更应该引导学生体会“未闻孔雀是夫子家禽，就不应说此是君家果”的语言表达之妙。当下语文课堂教学效果低下的一个重要原因，就是大多数老师仍然围绕理解课文内容做文章，轻视了语言文字的学习。另外，这篇课文从整体上看是一篇典型的“用具体事例表现人物”的文章，这一点也应该引起教师的注意，适时适当进行读写结合的渗透。

关于本课学习中对于学生在课堂上的自主学习，孙老师也提出了自己的意见。学生在课堂上的学习是一个探究的过程，是一个试错的过程，教师应该放手让学生去尝试，而不应该用教师的教代替学生思考的过程。例如学生朗读时，教师如果一开始就出示带隔音符号的句子让学生按照这样的格式去读，这样明显就是限定学生尝试探究自主学习的设计。教师应该让学生自己去尝试，在尝试的过程中暴露学习中的问题，学生暴露问题的地方，恰恰是教师需要着重教学之处。例如，课文中出现的“家禽”，学生按照白话文中的理解，家禽现在指家中饲养的鸡、鸭、鹅等禽类，学生就会把“家禽”读成一个词语，然而课文中的“家禽”却指的是“你的鸟”，“家”和“禽”是两个意思，学生如果暴露这样的学习问题，这恰恰是学生真实学情的体现，这也是课堂教学之要点。关于课堂教学中“1+1”的做法，孙老师也给予了肯定，一位老师采用我们的教学理念补充了另外一篇小古文，及时对学生的学习进行了迁移，取得了较好的学习效果。

时间如流水，孙老师精准的评点，让与会的老师和三位执教研究课的老师受益匪浅，此次教研活动在我乡村支教活动中具有里程碑式的意义，故以打油诗记之：春意萌动蓄势发，乡村教研初开花。教学专家入校来，希望教研大家夸。

原文写于2016年3月16日

东营市教研员孙传文到支教学校进行教学指导

外国教师走进乡村课堂

桃花叶未长，点点笑春风。初开朵朵鲜，无意惹诗情。

这一周校园里春的气息浓郁了不少，柳树吐出了嫩叶，远远望去一片鹅黄，桃花绷不住自己的笑脸，微微张开小嘴笑着迎春风，新生的气息充满了整个校园。在这样一个生机盎然的早春，希望小学的校园里迎来了外国友人，郭敏老师携外教Risay下乡来送课。

在前往支教学校的路上，我与Risay交流，我想知道，在他的印象当中乡村的孩子是什么样子的。Risay告诉我说，乡村的孩子好像都比较害羞，害怕和别人说话，尤其是害怕和陌生人说话。他还幽默地说，尤其是害怕和像他这样的陌生人交流。其实，Risay所说的不是没有一定的道理，这也许就是乡村学校的教育环境所造成的结果吧。到校后稍停片刻，孩子们进入听课教室，Risay便开始准备上课。“Hi, classmates, good morning!”Risay热情地和同学们打招呼。果然不出所料，学生们并没有热情地回应，当然也没有因为见到外国人而兴奋地大呼大叫。学生们的确还是比较拘谨，勉强回应了一句，“Good morning, teacher!”因为当时来校的时候，已经提前和外教做过简单的交流和沟通，这样的场景估计外教也早有心理准备。Risay的确是一个不错的老师，没有让接下来的课堂教学卡壳。几个滑稽的动作，几句简单的问候语，便迅速化解了尴尬的场面，几分钟的热身便引得学生哈哈大笑，紧张的情绪即刻放松了，课堂气氛自然就发生了变化。接下来的课堂教学异常顺利，学生积极参与，热情高涨，整个课堂充满了欢声笑语。课堂教学效果、学生口语及句子训练充分而有效，学生一直保持着高昂的学习情绪，直至下课铃声响起。这样的情绪一直在持续，乃至第二节课在操场上体育课的这帮学生，远远看到Risay还大声打招呼，邀请Risay和他们一起跳绳。一节课的学习取得了这样的学习效果，足以看出教师的魅力，同时也可以看出，我们的孩子并没有像我们预想中那样的不自信，那样的羞涩，他们只是需要一个适合的教育方式。

聆听Risay的课，给我最大的感受就是他游刃有余地采用游戏化的教学方式。这样的方式也是孩子们最需要的一种方式。在《游戏化思维》这本书中，我找到了这样的描述语句："游戏能够做很多事情，鼓励你解决问题，保持你从新手到专家再到大师的过程中持续的兴趣，增强参与者的个性化体验，鼓励打破陈规的思维，支持不同的兴趣和技能，以及培养自信、乐观的态度。"就我们的课堂教学而言，游戏化思维不就是要吸引我们的学生参与到活动中来吗？不就是让学生在参与活动中保持持续的兴趣吗？在这节外教课上，Risay一直使用的就是游戏化的方式，在师生对话游戏中认读相关的单词，在小组反应快慢游戏中练习口语，在投掷游戏中巩固提升。

课后我和Risay做了一个简单的交流，内容是关于中外小学生的区别在哪里。Risay告诉我说，中国的小孩在校学习时间太长，绝大部分时间是在听老师教。而外国小孩子的学习，大部分是他们自己从动手实践中来学习。国外公立学校比较注重成绩，但是最优质的学校是私立学校，这样的学校充分尊重学生的个性发展，同一个班级里面，可能同时开展着不同的学习活动，有的同学可能在修手表，有的同学可能在拆装其他的物品。但不管是哪一种方式，老师都非常注重学生动手实践能力的培养。另外，关于语言的学习，Risay说中国的学生除了在学校课堂学习之外，就没有其他的学习环境了，这样不利于学生的语言学习。关于今天对这个班级小学生的印象如何，Risay告诉我，学生的表现要比想象中好得多，孩子们有一定的词汇量，重要的是这些孩子敢于开口说话，学生能和教师在课堂上互动，表现较好，课下热情地和他打招呼，孩子们还是非常自信的，也是非常友好的。不过这里的学生发音问题比较突出，尤其是单词的发音尾音十分重。Risay非常幽默地说，孩子发音明显带有“中国式英语”的味道。当和Risay交流“课堂教学中如何看待游戏化教学”这一方式时，他告诉我说，英语教学中游戏化教学非常重要，以玩游戏的方式会让一部分没有兴趣的孩子参与进来，让他们和其他孩子一起互动，在互动的过程中就对英语感兴趣了。这种方式对英语不感兴趣的孩子和不够自信的孩子帮助比较大。

一节外教课给孩子们带来的也许就是欢笑与快乐，这节课也许很快就会被孩子们所遗忘，这样一节课对孩子们的英语学习也许没有实质性的促进作用，但是带给我们对教育的思考却是厚重的。我们的教育教学要改革，方向在哪里，也许这节英语课会给我们带来深刻的思考。在即将离开校园的时候，我希望Risay能够为乡村的孩子留下几句祝福的话，稍作停顿他写下了下面的一段话，作为对孩子们的鼓励。

I feel that students are good here.
and they are studying well. I wish
them best of luck for future.
Read more books and prepare your
self for coming life.
Risay
23/03/2016

第二节课郭敏老师为大家执教了一节五年级的英语课，作为常规的英语教学，课堂教学设计新颖而富有故事色彩，形式活泼而富有教学实效，赢得了现场听课教师的高度评价。有的学生听不太懂郭老师全英文的课堂教学，这也暴露了小学英语成绩指向性强的弱点，“哑巴式”英语暴露了孩子们英语学习的弊端。

因为尊重Risay的饮食习惯，我们研讨完成以后，便匆匆地赶回了东城，非常感谢敬业的Risay，感谢支持我支教工作的郭敏老师，感谢今天全程担任我翻译的刘佳老师。

原文写于2016年3月23日

附：新闻报道

乡村学校来了洋老师

日前，来自加拿大的外教老师Risay走进广饶县丁庄镇希望小学，给该校三年级一班的小学生上了一堂精彩的英语游戏课。本次课程是东凯小学结对支教希望小学的一部分。“这是我们东凯小学支教希望小学的第一节外教英语课。”东凯小学教师发展中心主任李玉玺说。

（记者　李红佳　见习记者　任辉）

——《黄河口晚刊》2016年4月26日第6版

乡村课堂中的“彩虹”

——听徐彩虹老师执教《检阅》有感

今天是阳春三月的最后一天，我在支教学校组织了“任兰英、燕居丽名师工作室‘相约希望’语文教学研讨活动”。本次活动采用同课异构的方式，支教学校的赵倩老师和邀请的任兰英名师工作室的徐彩虹老师，分别执教了人教版三年级下册《检阅》一课，研讨课后，任兰英和燕居丽两位名师分别对课堂教学进行点评。此次活动还得到了镇教研室领导的大力支持，取得了预期的教研效果。

关于语文课堂教学，我一直在思考：我们的语文课堂教学到底哪里出现了问题？为何总是如此低效？开学以来，孙传文名师工作室密集的语文教研活动，让我渐渐地清楚了课堂教学的问题所在。语文课堂教学要想有效，首先，应该从课堂教学目标出发，教学目标要体现语用，而且目标制定不能错位。其次，要根据教学目标选择适切的教学内容。课文内容不能等同于教学内容，教学内容的选择要围绕教学目标的落实而优化。最后，要根据学生的学情需要，选择适合的教学策略。根源问题似乎清晰了，但是关于语文课堂教学的实践，仍不断有各种问题涌现出来：课堂教学策略问题、课堂教学有效性问题、课堂教学如何促进学生学习真实发生等问题。正当这些问题充斥着我大脑的时候，一次偶然的机会，我与徐彩虹老师进行了有关语文课堂教学的交流，感觉到徐老师对语文教学的思考非常深入，并有自己的独到见解，对我极具启发意义，于是决定要聆听徐老师的课，解决心中的困惑。无巧不成书，恰巧任兰英名师工作室准备安排徐老师送课下乡，于是我便盛情邀请徐老师到支教学校送课，才促成了今天这个十分有意义的活动。

说这次活动十分有意义，原因是徐老师的课呈现了一个精彩的教学案例，这个教学案例有效解决了当前语文课堂教学当中的两个症结，一是语文课堂教学缺少过程性的教学，教学处理肤浅，学生在课堂上的学习“雁过无痕”；二是有效地诠释了中年段课堂教学中理解与运用和谐共生的问题。语文课堂教学没有时效性，学生学而不会，究其根源在于教师的教学没有给学生学习的过程，让学生通过课例学习掌握方法，形成能力。具体表现之一为中高年级的学生不会概括课文内容，今天徐老师就为我们呈现了如何让学生经历学习过程，让学生掌握概括课文的具体方法。此环节的教学，让我们感受到了课堂教学不再是肤浅的，而是扎实有效的。《检阅》这篇课文是三年级下学期的一篇文章，理所应当让学生概括课文内容，掌握相应的方法。在本课的教学中，徐老师先从题目入手，让同学们思考“课文围绕检阅写了几件事?”“检阅前发生了什么，检阅时又是怎样的?”学生分别概括出了“检阅前儿童队员们开会商量如何安排博莱克参加检阅，最后决定让他走在第一排”“检阅时，博莱克和队员们的表现，赢得观众的喝彩”这两件事。当学生顺利完成这两件事情的概括时，老师又引导学生，“请你试着按照事情的发展顺序把这两件小事连起来说一说”，这就是概括课文的主要内容。学生根据教师的引导，顺利地概括出了课文的主要内容。在此环节之后，教师小结了概括此类课文的方法。学生在教师的引领之下，经历了学习概括课文内容的方法——课文写两件及以上小事时，可以先一件一件地概括，最后再按事情的发展顺序串连起来。这一过程是学生真实的学习过程，也是有效的学习环节，是对学生语文能力的训练。学生有了这样的学习过程训练，自然掌握了概括课文内容的方法。

关于课堂教学缺少过程的训练，还体现在关于习作的教学上。经常听到有老师抱怨学生不会写作文，其实想一想，可能是因为我们在课堂上缺少教学生写作文的过程，才导致了学生习作的困难。阅读教学中，我们会经常发现教学指向了内容理解，而忽略了语用和表达。阅读教学承载的教学生习作的任务，因没有找到读写的结合点，适时适当地进行读写的迁移，进行巩固落实，所以学生无法从阅读中学得习作。学生如果缺少了在阅读教学中点滴习作方法的积累和小练笔，就不会形成相应的写作能力，学生习作肯定就会出现困难。今天在徐老师的课上，她为我们提供了成功的示范。《检阅》这篇课文最突出的写作特点就是人物的心理描写，如果教学目标指向内容理解，教学就仅仅被认定为理解人物的心理变化而已。而这节课的教学目标定位到了语言文字的学习运用。于是，在课堂教学中，当体会完人物的心理描写之后，教师创设了心理描写的情境，对语言文字的学习进行了适时适当的迁移。教师在教学中设计了这样的教学环节：当队长宣布让博莱克走在队伍的第一排时，博莱克知道这个消息之后会怎么想？学生在课堂上写下了博莱克的心理活动：“队长让我走在队伍的第一排，这是对我的关心呀！我一定好好表现，决不能给队长丢脸”；“太棒了，我竟然也可以去参加检阅了，我简直不敢相信呀！我是一个左脚截肢的残疾人，怎么能参加这样的检阅呢？这是大家对我的关爱，大家对我真好”；“我居然能够在队伍的第一排，我还以为队长会把我藏在队伍的中间呢，这是大家对我的尊重，我一定要努力训练”……这样的心理描写不仅是对文本内容理解的提升，更是有效落实读写结合的良好节点。让学生经历这样的练笔过程，学生的情感体验是真实的，学生的语言表达是自然的，学生对心理描写的方法也就顺势掌握了。我想在课堂上让学生经历这样的小练笔，形成的是学生的习作能力，有了习作的教学过程，学生作文能力一定会得到提高。

今天徐老师的课给我的另外一个重要启示，就是如何处理理解与语用的关系。当下的课堂大有转向语用的趋势，甚至有人已经开始明确提出“语用课堂”的说法。我不排斥语用教学，因为这是语文课程的性质所决定的，语言文字学习是本质。但是我担心大家对语用课堂的理解会有偏颇。有的老师一提到理解，就简单地认为是理解语言文字的内容，于是和繁琐的分析内容建立了联系。其实这是错误的，任何的文本学习，理解都是运用的前提，只有理解了，方才能够谈及运用。语用课堂不能抛开理解，理解是基础，语用表达是建立在理解之上的，为了语用而语用，为了表达而表达，就会失去课文作为语言文字优质课例的内涵和价值。“伪语用”的现象，造成了语文教学的低效。在阅读教学中，首先要引导学生理解语言，方才会引发学生表达的欲望，理解好语言的特点和规律，方才能够使学生学会语言运用规律。同时，理解还包括理解语言文字的特点，理解语言文字的表达，理解语言文字的规律等方面的内容。如果这些理解在阅读教学的课堂上找不到落脚点，势必会造成学生阅读能力的欠缺。因此，在落实好理解的前提下，教给学生阅读的方法，重视学生的语言训练，才是有实效地落实语用。

徐老师在今天的课上，出示“博莱克、截肢、拄拐”一组词语，教师指导学生认读词语以后，让学生试着用这三个词语连成一句话。这样的教学环节既让学生理解了词语，落实了语用，又让学生体会到了截肢残疾人的心理。另外，徐老师教授的第六自然段，可谓是“理解与语用相结合”的经典之笔。课文的第六自然段是个特殊的段落，这一自然段当中一连使用了五个问号，这样特殊的段落是不可多得的例子，采用这样的表达方式描写人物内心，也是小学语文课本上可遇而不可求的经典。徐老师教学时采用这样的教学策略：“劝他不去？他会想＿＿＿＿＿＿。要不把他放在队尾？他会想＿＿＿＿＿＿。或者把他藏在队伍中间？他会想＿＿＿＿＿＿。学生读文理解后，进行想象说话。指导学生进行朗读，进一步体会此刻人物左右为难的心理描写的精妙之笔。在此基础之上，教师适时地进行迁移，在你的生活中，如果你遇到这种左右为难的事情时，心里会怎么想？指导学生进行说话练习。在这样一个教学环节中，理解与运用完美地结合在了一起。课堂总是遗憾的艺术，这样的一个经典的心理描写之笔，我想如果给学生创设一种情境，让学生不是说而是落实到写上，并且试着用三个以上的问号写出人物左右为难的心理特点，或许这样的理解与运用结合的效果会更加的上乘。

名师工作室到支教学校送课

在任校长和燕校长的评课当中，两位名师都提到了“阅读教学之中读写结合”的问题。任校长提出了“读写结合点”的问题，燕校长提出了“让学生通过习作抓细节描写”的问题，以及“如何指导学生改变写作假大空的现状，让学生写出自己的真情实感”。这些精彩的点评，让我们从这次教研活动受到较大的启发，成为整个活动的点睛之笔。因为时间有限，没有来得及展开更加详细的评点。午饭后在会议室里，我们又继续针对课堂教学出现的问题和几个疑惑之处，以及是否采用其他的教学策略会更加有利于学生学习等问题，激情满怀地讨论了近一个小时。

余音缭绕，思绪高涨，课堂研讨，吸引着一群如痴如醉的追梦人……

原文写于2016年3月31日

一场思维的盛宴

东城距离支教学校仅四十公里，但两处的春色却如隔两重天。支教学校校园里栽种的是最普通不过的柳树，却给师生带来了浓郁蓬勃的春意；培植的花是最大众的迎春花，却把校园装点得异彩纷呈；种植的菜并不特殊，只是一畦畦韭菜、一席席菠菜，却给学生带来生命盎然的气息。这个热热闹闹、春色盎然的校园里，柳绿、花艳、菜青给我留下了极深的印象，将会化为我支教生活中最美的一抹回忆。

东营市教研员郭子平、周学松到支教学校进行教学指导

给校园带来生机的不仅有大自然的万物，还有来自东营市教科院

的学科专家。本周走进希望小学指导的两位市教科院的专家，一位是小学室主任、东营市小学数学教研员郭子平，另一位是小学室副主任、东营市小学科学教研员周学松。今天的活动分两个会场进行，每个会场的活动内容均由两节研究课和专家的点评构成。之所以说本次活动说是“一场思维的盛宴”，不仅是因为数学和科学两个学科的特点所决定，更是因为本次活动的主题凸显了“课堂如何让学生经历探究学习”的过程，课堂教学中“如何教会学生科学思维的方法，形成创新思考的能力”等一系列问题。作为语文老师的我，参加这样的两场研讨活动，让我收获了学科视野之外的思考和启发。

数学课背后的东西是什么？是教给学生科学的思维方式和严密的逻辑推理，数学知识只是承载培养学生数学能力的载体。这是今天数学教研活动中给我启发最大的一点。过去我对数学课的理解，仅仅停留在“让学生经历探究的过程比学习最后的结果更重要，培养数学能力比学习数学知识更重要，教给学生数学方法比传授知识更重要，渗透学生有用的数学思想比学会解题方法更重要”诸如此类肤浅层次的认知上。今天通过参加数学教研活动，尤其是聆听郭主任的精彩点评后，顿感醍醐灌顶。今天上研究课的第一位老师是刘晓敏老师，她执教的研究课是五年级的《最大公因数》。应该说刘老师的课是一节不错的课，教学思路与教学理念都算得上是上乘的，郭主任给予了充分的肯定。在评课时，郭主任就课堂教学提出了五点值得学习和肯定的教学理念和做法。郭主任首先肯定了执教教师对学生数学思维培养重要性的认识。数学课堂要注重学生思维的培养，并且强调有序的思维。在课堂教学开始的环节，教师让学生找出8的因数时，教师引导学生从小数往大数逐一列举出来，这是一个培养学生有序思维的过程，不可以忽视。有的学生虽然能够找对因数的个数，如果不按顺序列举，这一思维的训练就是缺失的。郭主任的第一条点评就落到了学生思维能力的培养上，我想这不就是学生数学核心素养所在吗？接下来，郭主任提到学生在游戏过程中，当一个学生发现自己手拿数字4，因为4既是8的因数又是12的因数时，出现了不知道如何站位的情况。这是游戏中学生的认知冲突，有认知冲突才会引发学生的思考欲望，教师要在认知冲突中，引导学生思考解决问题的办法，这一思考过程非常重要。郭主任点评这一环节时，仍然是围绕“数学课堂教学如何培养学生思维”这一核心展开的。郭主任点评的第三点是关于寻找两个数的公因数时，建议教师应该通过不同的表述方式，达到不断转换策略来理解“公因数”意义的目的。这种异化的思维方式，既指向了学生理解能力的培养，又体现了思维训练的价值，学生在经历学习的过程中，进行了方法优化的思维意识和能力培养。另外，郭主任还特别强调，在课堂上教师一定要让学生有充分的个人独立思考时间，然后再进行小组合作交流，这样的小组合作学习方才有效。郭主任还提出，课堂上教师要推迟评价的建议。要让学生充分暴露思维的状态，要善于让学生“踢足球”，把问题抛给学生，让问题在学生之间多几个来回，进行讨论思考，尽可能少地让老师和学生“打乒乓球”。这一个比喻十分贴切，生动地将课堂的智慧表达了出来。聆听郭主任的点评，能够非常清晰地感受到数学课堂的核心就是学生思维能力的培养和训练，这就是数学课堂背后应该呈现的数学核心素养，所以把这一场活动比作成为思维的盛宴，从这个意义上讲并不夸张。

科学课背后的东西是什么？是教学生通过动手操作，在实践中发现问题，在解决问题的过程中培养科学的精神和创新的能力。在教研活动中，我边听课边和周主任交流，通过深入的交流，我越发感受到，科学这门课程所承载的培养学生科学探究能力和创新精神，是其他任何学科都无法代替的，这是开启学生思维和智慧的一把金钥匙。今天的研究课，两位老师以同课异构的方式执教了五年级的《斜面》一课。这节课研究的是斜面是否省力。老师交代好实验的注意事项之后，小组合作动手实验进行探究。其实，这节课最吸引我的地方就是看学生动手实验的过程究竟能否发现问题，从而引发他们的思考，进而总结提出观点。学生用拉力器竖直提起和用斜面哪一个更费力，用实验来验证结果这并不是精彩的结论。精彩的学习是学生利用实验发现斜面的坡度，斜面的长短与用力之间的关系。在实验的过程中，第三组的一位同学就发现了“垫上两个木块搭成的斜面和垫上三个木块搭成的斜面，在斜面长度不变的情况下所用的力是不一样的”这一结论。经过几次实验的验证，他得出结论是：坡度越高，拉力越大。学生通过自己的动手实验发现问题，经过推理思考得出结论，这是多么可贵的学习过程啊。这样的课堂是学生学习真实发生的课堂。可惜的是老师只提供给学生一块木板做斜面，某种程度上限定了学生思维的空间。如果多提供几个长短不同的木板做斜面，学生一定还会有更多的实验发现。周主任在和我的交流中提到，他曾经听到的一节关于斜面的课，学生在探究斜面到底是否省力，什么样的斜面省力时，学生为了增减斜面高度，做实验时不仅使用了教师提供的木块做垫板，还使用了自己的书包文具盒等物品。还有一个小组为了体验高度相同斜面的长短与用力之间的关系，他们竟然放倒了课桌，把课桌做斜面。这样的课堂才是学生真实学习的课堂，学生在这样的学习状态下思维能力是强的，创新能力是高的。在周主任的描述中我仿佛看到了学生们积极探究、深度学习的课堂场景。周主任深有感触地说：“学生的科学精神和创新意识，就是在这样的动手实践中形成的，学生思维能力训练离开这些活生生的实验，怎么能够得到落实？利用科学课培养学生的创新精神和科学思维，在小学阶段是没有其他任何学科能代替的。小学阶段的科学课是引导学生走向科学大门的一条黄金大道，是为学生播下科学意识和创新精神的一粒神奇的种子。”周主任的话引发了我深深的思考，近一段时间，上小学二年级的女儿迷上了学校开设的一门校本课程——小牛顿。每周四的下午成为了她最大的期待，神奇的灯泡会发光，热电丝会割断塑料，神奇的粉末会让水变色……今天也是周四，老师说可以制作汽水，要每人带一瓶大的矿泉水。车上有一瓶小的，她坚决不同意，用她的话来说就是，在学校多做点汽水带回家，可以让我们也分享一下她的成果。好奇是孩子的天性，探究是孩子的本能，创新是孩子的原始素养。周主任的点评和女儿对科学实验的学习热情，让我对科学课产生新的认识和理解。这样的教研活动俨然也是一场“思维的盛宴”。

春天总是让人感觉到新生的力量，体会到生活的美好。奔波在支教的路上，看到路旁的大树日渐吐绿的新叶逐渐遮掩了枯黄的树枝，一切都是欣欣向荣的景致，心情无限的自由和愉悦。在这个春天里，成长的不仅是自然界的生物，还有支教学校的老师们，还有穿梭在城乡之间的我……

原文写于2016年4月7日

翰墨育人奏华章

——支教学校书法课所感

走进教学楼，一股墨香飘来，这墨香来自于支教学校的书法教室。经过一个阶段的探索，这一学期学校的书法课已开设得非常规范了。为了开好书法课，校长鼎力支持，挤出了一间功能教室作为书法教室，教室内部橱柜、桌椅、毛毡、笔架等所需物品开足绿灯购置。这样的课程能够在乡村小学置入课表，实属难得，不要说在乡村小学，就是在城区小学落实书法课也有一定的难度，难度首先在于没有能够胜任书法教学的教师。恰恰这所学校具备这样的条件和优势，于是学校充分挖掘自身资源，积极构建适合学生素质发展的课程。

领着孩子们畅游书法海洋的是一位姓尚的老教师，老先生临近退休的年龄，仍然笔耕不辍，酷爱书法，每天坚持练习，甚至还经常去参加书法培训活动。课间与尚老师简单交流，尚老师甚是谦虚，反复说自己水平一般，字不出门。其实，从教室悬挂的作品看，尚老师应该是有一定功力的，至少我们的语文老师如果能够达到这个水平的话，开设学生的书法课就不会有任何的问题。其实我们都明白，孩子学习书法并不是都奔着书法家去的，就像我们读诗、仿写诗一样，读诗、写诗不一定都梦想长大成为诗人，但是通过这样的教学我们却给孩子播下了一颗诗意的种子、埋下了中华文化的根基。关于这一点尚老师是认可的，其实我们就是学生人生的奠基者，所有课程的开设就是给孩子一个梦想的起点，一个成长的机会，一个素养形成的舞台。我们课程开设的意义就在于此。在乡村小学这样一个十分看重分数的背景下，有这样的课程价值理念，实属难得。支教学校把这样一种对提升学生当前成绩不显著但却关乎学生素养提升的课程置入了课表，并且坚持成为学校特色，值得我们为其点赞。

书法是中华民族的传统瑰宝，也是极具中国特色的一门艺术。学校引领学生走进横平竖直、方方正正的方寸之中，领悟到的是学做方方正正的中国人的道理，体会到的是源远流长的中华文化，所以这是一门有深远意义的课程。也许孩子就是从这飘香的翰墨之中嗅到民族的味道，从这方正的汉字之中觅到中华传统文化，也许就从此开始埋下了做好中国人，讲好中国故事，编织好中国梦的种子。为此，书法教育应该做实做牢。

以书法为载体写好育人文章。书法立志，翰墨育人。书香墨韵，字里人生。儒家之风，洗尽铅华。学好方块字，做好中国人，书法就是非常好的育人载体。以字立人，培养学生严谨、谦让、和谐的品质，使学生懂得爱与责任，强化学生的集体荣誉感和团队意识，在学生的学习中、生活中通过书法的内涵塑造学生的价值观和人生观。课程改革的根本任务是立德树人，而书法课也许就是完成立德树人根本任务的有效途径之一。

以书法为途径做好学校文化。学校文化是一所校园的内生力量，文化的价值在于引领，在于内化，在于熏陶。书法艺术极具内涵和价值，释放书法艺术的魅力，构建书香校园，会让校园更有文化的味道和底蕴。以书法为途径提升办学理念，打造校园文化品牌会真正实现文化育人。

以书法为媒介传承传统文化。让学生能够望得见山，看得见水，记得住乡愁，离不开传统文化；让学生践行社会主义核心价值观，成为社会主义事业的合格建设者和接班人离不开传统文化。然而，传统文化的传承需要找到合适的媒介，找准能够承载起传统文化这一称号的文化，那么书法就是极具代表性的一项传统文化。

支教学校书法教授于课堂

嗅着支教学校浓浓的墨香，“翰墨育人奏华章　传统文化渊源长”的感受涌上心头，以文记之。

原文写于2016年3月4日

欢声笑语陪伴乡村学生快乐成长

——支教学校社团课所悟

下午三点一刻，伴随着下课铃声的响起，校园里立刻沸腾了起来。赵校长告诉我，从这学期开始学校每周组织三次学生社团活动，即学生选课走班的校本课程。学生们非常喜欢，也显得异常兴奋，为此，伴随下课铃声响起的是孩子们的欢呼声。赵校长还说，自从本学期开设了学生社团活动后，在校园里他看到了真实的孩子，发现了孩子的童真，感受到了孩子的童年，与课堂上埋头试卷中无精打采的样子判若两人。

说到校本课程的开设，这已经是十年前的事了，这的确不是一个新鲜的话题。按照新课程改革走过的十几年的路程划分，课程改革结构属于课改的1.0版本即构建国、地、校三级结构的课程体系，这已经是课程改革的最原始状态了。如今课程改革已经走过了2.0版本即课改改善师生课堂关系阶段，走进了课程改革向着改意义的3.0版本即课程改革着力指向改教育的意义——立德树人，改学习的意义——深度学习，改生命的意义——核心素养阶段。乡村教育如今才开始冲破课程管理体制走向课程结构的变化，的确是落后了。但这就是乡村教育的现状，乡村教育处在教育的最末端，让教育政策和课改理念多飞一会儿，这都是情有可原的。但最大的欣慰就是课改春风度过了“玉门关”，晚点没关系，终究还是来了。

即便这变革姗姗来迟，所在的支教学校还是突破了教师结构性缺编、课程开设师资与场地、家长教育理念等难题的困扰，让社团活动落地生根，已经实属不易。据赵校长介绍，学校成立了音、体、美等不同学科的社团数十个，部分以“非遗文化”为内容的特色社团也组建了好几个。社团的开设将学校现有师资力量发挥到最大化，以满足学生的需要。“社团开设尽管困难重重，看到孩子们如此喜欢，看到孩子们在社团活动中如痴如醉的学习状态，克服再大的困难也值得。只要是孩子们发展所需要的，我们没有理由不给学生提供，我们尽管现有条件有限，但也要砥砺前行。”赵校长谈到社团开设时深有感触地说。

下楼正好遇见一个跑得满头大汗的小家伙，跑到饮水机前喝水，我问他选的什么社团，他兴奋地告诉我，这学期他选了足球，他还是场上的主力。这个小家伙个头不高，憨憨的样子透露着乡村孩子的质朴，呼呼喘着粗气的样子足以看出他的健壮与力量。他还兴奋地告诉我，他们正在积极备战镇上的足球赛，争取能够胜出到县里比试比试，亮亮他们的球技，展展学校的风采……来不及过多地交流，他就急匆匆地跑了，说是大家都等着他在训练呢！看他那股认真劲，仿佛能够看到中国足球的希望就在不远的将来。

走在校园里，已经有了暖暖的春意，校园里的柳树已经酝酿着发出新芽，鼓出一个个涌动着生命的芽苞。鲜艳的塑胶跑道上，绿茵茵的足球场地上，孩子们生龙活虎的样子，气势如虹的叫喊声，怎能不把校园的柳树唤醒呢？除了孩子们的叫喊声，音乐教室也奏响了迎接春天的音乐，乡村学校的校园里春天含笑而来，就在明天的黎明。

原文写于2016年3月7日

是什么剥夺了学生思考的机会

来到支教学校已经有一段时间了，上了不少研究课，也听了不少常态课，感觉到要想提高乡村学校的教学质量，一要提升教师的教学理念，二要转变学生的学习方式。这里的学生已经习惯了听老师讲，习惯了教师灌输知识，习惯了记忆标准答案，不太善于自己动脑思考，缺少主动学习的习惯。学生们更多的时间花在了对知识学习的结果即对知识的背诵与记忆，而忽略了对知识学习的思考过程。在执教的研讨课上，我有明显的感触，如果教师按照常规教学，学生的课堂学习会进行得行云流水，如果动用学生应该具有的能力进行探究性的学习、合作学习，课堂教学就会进行得磕磕绊绊。我想这样的现象背后一定存在教育理念的问题，也许这就是乡村课堂教学改革的痛点之一。

参加乡村学校的课堂教学研讨活动，看到比较普遍的现象就是，课堂上教师教得多，讲得多，学生自主学习的时间少，探究性学习的机会少。知识是教师在课堂上教会的，而不是学生学会的。这样的课堂缺少了学生学习知识的实践机会，学生的学习能力培养也就无从谈起。任何的学习都是以学生的实践活动为基本途径的。我们经常说让学生经历学习的过程，体验学习的过程，培养学习能力远比获得最终的学习结果更重要，这句话非常有道理。一种理念指向于教师的教，一种理念指向于学生的学；一种理念是以教师为中心，另一种理念是以学生为中心。教的效果就成绩而言会有短平快的效果，以教为中心的课堂学生会在有限的时间内获取最大化的知识量。而以学为中心的课堂可能因学生的探究过程费时较长，在有限的时间内获取的知识量与以教为主的课堂是无法比拟的。然而当下以成绩为中心的乡村学校，教师当然会选择教的方式，而不会选择学的方式。然而这两种教学理念的背后却对学生今后的发展影响巨大，以教师教为中心的课堂，即便是学生取得优异的成绩，这也是以牺牲学生思考为代价的。这样的课堂过多地剥夺了学生思考的时间与机会，且不说学生的学习兴趣都会在教师喋喋不休的教学中丧失殆尽，关键是学生应该形成的能力、需要掌握的学习方法在追求结果的课堂上丢掉了。学生今后学习靠的是自己在小学形成的良好的学习习惯和基本的自主学习能力，然而学生的这些素养不见得能够在小学阶段的成绩上有所体现，而这样的素养却是能够支撑学生一生的学业之路。教师单一地教，剥夺了学生在课堂上的思考，教师只担任了知识搬运工的角色，这种教育理念亟须改变。

在几次教研活动中我还发现一个有趣的现象，学生在课堂上回答问题的用词极其规范与准确，带有浓浓的标准答案气息。课下我便追寻问题产生的根源，当看到学生课桌上人手一册《英才教程》的时候，我恍然大悟。此教辅资料上课文内容详解、词语解释、生字组词、词语造句、应有尽有，学生不需要任何的思考就会从上面信手拈来，此书成为最受学生欢迎的教辅资料也就不足为奇了。对于学生使用这样的工具书，我一直持有反对的态度，这种参考资料所谓的标准答案直接代替了学生的主动思考。学生学习思考的主动性被代替了，学生的思维过程被代替了，通过学生的思考对知识的构建过程也被代替了，显然通过学生的思考形成的学习能力也就被代替了。让学生拒绝使用这样的教辅资料，给学生思考的过程，即便是答案不够十分的标准，思考过程的意义远大于由直接获取标准答案而取得的优异成绩。在一次教研活动中，有专家鲜明地提出，阅读教学拒绝让学生使用查字典和词典的方式理解词语，提倡学生结合自己的生活实际，结合词语所在的具体语境，使用联系上下文的方法体会词语的含义。我想这样的提倡具有重要的意义，我们学习的过程不在于学会最后的知识，而在于通过知识的学习获取学习知识的能力，如果采用这样理解词语的方式，学生的学习意义是巨大的。

冀教版小学语文教材上有一篇课文《瘸蝉》，读罢此文我深有感触。文章说的是古希腊哲学家苏格拉底见到孩子们捉到一些蝉的幼虫，借晚上观察蝉的出生。他看到蝉的幼虫脱壳时非常地痛苦，整个过程就是一个艰难挣扎的过程，于是便帮助了其中一只剥开硬壳。那些经过痛苦煎熬自己脱掉硬壳的幼虫，一会儿工夫就展开了美丽的翅膀，变成了真正的蝉。而他帮忙的那一只却抖不起翅膀，腿也瘸了。读罢此故事，我们不禁感叹，如果我们教师为学生的学习包办得过多，教给学生现成的知识，本应该学而有痕的课堂，因越俎代庖而无痕迹，久而久之学生不经历学习过程的探索、寻觅、体验、挣扎，就会成为一只“瘸蝉”。

原文写于2016年3月28日

约 定

清晨，七点刚过，我便接到支教学校黄校长打来的电话：“今天早上的雾太大了，你不要来了，路上太危险。我们的活动可以推迟举行，雾什么时候散了，你什么时候过来。”黄校长是一位极具人文关怀的校长，担心我路上的安全，特意打来电话叮嘱。短短一声问候，让清冷的早晨显得特别的温暖。无论如何，我得先下楼看看。

支教学校语文教研活动

刚一下楼，我便愣住了。整个世界都被雾霾淹没了，只能在“烟雾缭绕”的缝隙之中，探索整个城市森林。大雾，大到几乎要面对面才能看清行人的脸。这的确让我犯了愁。在这样的大雾天气，四十公里的路程显得那么遥远漫长。可如果去不了，今天安排好的教研活动怎么办？参加活动的老师都精心准备一周了，活动的通知也都下发了。若只因天气原因，就轻易延迟了这项活动，岂不是怠慢了老师们的那份热忱。想想实在不妥。这是一份约定，更是支教教师的一份责任，于是我驱动了车子。

驱车上路，随即后悔。雾的确太大了，就连路口的红绿灯都无法识别，路上的车似乎昏昏欲睡，忽闪着两只毫无精神的眼睛慢慢地爬行。为了不影响正常的工作安排，不耽误学生的课程，我只能靠感觉硬着头皮龟速行驶。车子还没出城就遇到了两车相吻的事故，内心不免有些紧张。尽管自己已有十年的驾龄，这样的天气却不得不让我更加谨慎地驾驶。“仙境神游”，危险时刻萦绕在身边。然而，乡村小学师生们期盼的眼神始终给我注入着前行的动力。为了能够及时地了解路况，我迅速地把收音机调到东营交通音乐频道。收音机里传来的路况信息，不仅能让我及时调整行驶路线，更让我一时间沉静了下来。

根据多年的经验，这样的天气必须严格遵守交通规则，不可以轻易变线超车。40公里的路程正常行驶只需30分钟，今天却整整用了一个半小时，还好一路平安无事，还赶在了上课前十分钟到达学校。停下车，我提起包直接奔赴教室。闻讯赶来的黄校长满怀感激地说：“这么大的雾，路上多危险，你真是太敬业了。”我朝他笑笑，准备开始上课。

对于我的支教工作，学校非常重视。一是学校的教师专业发展急需引领，二是课堂教学改革急需探路。这样的氛围和随之产生的工作压力让我不敢怠慢任何一个工作环节。支教工作既不能让这里的老师们失望，更不能耽误乡村孩子们的成长，这是每一位教师都应有的职业道德。虽然一路上我一直提着心，但是因为没有耽误正常的教学工作而深感欣慰。课间休息时，一位老师打来一壶热气腾腾的豆浆，每人分得一杯。在这样的一个大雾漫天、寒气蔓延的冬天，一杯豆浆让情感持续升温，这是一份来自校长的关怀，一声清晨最暖心的问候。

上午上研究课，下午利用整整一下午的时间就中年级的阅读教学进行了深入的探讨。没想到在这样的一个乡村小学，教师的教研氛围如此的浓厚，他们的教研热情和渴求专业发展的愿望让我心生敬佩。乡村小学教师的质朴全都写在脸上，也流露在一举一动之中。为了学生更好地发展，他们把渴望的眼神都集中在我的身上，把很多的希望寄托在我身上，这让我不仅感受到支教的责任重大，同时也被这种精神深深感动着。当我提着包走出教学楼准备返程时，一位刚送完学生的年轻小伙子疾步走来，握住我的手激动地说："李老师，今天下午的教研活动让我收获太大了，我有一种豁然开朗的感觉。通过听你的讲座，让我找到了自己的问题，也明确了自己的教学方向……"我还没来得及记住这位小伙子的名字，只记得在研讨发言时，是一位姓徐的老师。一声感激的话语，为今天的支教工作画了一个圆满的句号。

回城路上，大雾早已消失得无影无踪，空气依然清冷，恬静而凄美的冬日田野，固执地袒露着它惊人的真诚。乡村的淳朴就是这样亲切、自然。此刻的灵魂，早已不是清晨赶来时的匆忙和恐慌，终于可以得到些许的松弛和安详。冬天，也是个迷人的季节，我的支教生活还在继续……

原文写于2015年11月11日

润泽童年雨露的礼物

清晨，天边的朝霞还没有散尽，我便把车后备箱塞得满满的，早早地就出发了。汽车满载了送给支教学校学生的特殊礼物，这份礼物是为一至三年级的学生每人送上一本我们学校编辑出版的诵读教材《清音》。看到乡村小学的孩子虽有晨诵和午读，却没有统一的诵读教材，心中不免一阵怅惘。于是在校长的支持下，我为孩子们争取了一本免费的诵读教材。

《清音》诵读教材是我校实施课程改革后，配合学校课程的重组而编辑出版的一套诵读教材。目前已经编辑出版到三年级，教材选编了适合学生诵读的童谣、优美的儿童诗以及古典诗词（包括《小学语文课程标准》中推荐的必备古诗），以主题单元的形式呈现出来。清晨是人一天当中记忆的黄金时间，童年又是人生当中记忆的黄金阶段。早晨，让学生晨诵三十分钟，用大声朗读的方式开启一天的校园生活，不仅积淀了学生的语文素养，更为同学们读书习惯的养成营造了良好的氛围。当朗朗的读书声伴随着泥土的清香传播开来时，那一定是清晨的乡村奏响的最动人的序曲。

朗朗上口的儿童诗赋予这个年龄阶段学生特有的生活情趣，诵读可以让孩子们每一天都有一个快乐充实的开始。晨诵是一种仪式，目的不在于让孩子掌握多少知识，也不在于强化多少记忆，而在于丰富儿童当下的生命体验，让孩子小小的生命浸染诗歌的气息，在与诗歌的交融相汇中感受母语的语言魅力，体验诗歌传达的美感、乐感和情怀，从而丰腴孩子们纯美的心灵。把诗性植入孩子的心灵，融进生活的土壤，让孩子们有了诗的滋养和灵性，即使今后他们没有成为诗人，他们也会拥有诗意的人生。在不远的将来，他们能以深扎进血脉的文化积淀，为人类更好的发展提供无限的创造性和可能性。

这样的美好时刻，不应该只属于城市的孩子，也应该让乡村的孩子共同拥有。我仿佛看到了孩子们读书的那缕清音正在古朴的乡村袅袅升起，沐浴着美好的晨光。许多年后，如果走出这所乡村小学的孩子们，依然能记起曾经有位支教教师，以朝霞为伴侣，以诗歌为礼物，别具匠心的安排，只为让他们感受到中国传统文化的滋养时，那我岂不就成为开启他们诗意人生的“夏洛”了。

一段有趣的遐想，不禁让我的支教生活多了一抹绚丽的颜色。

原文写于2015年11月3日

附：新闻报道

东凯小学与广饶共青希望小学城乡“结对子”

11月3日下午，东凯小学校长与广饶共青希望小学校长的手紧紧地握在一起，在场的老师们也一脸喜悦——两所学校“结亲”了！

当日，东凯小学与广饶共青希望小学城乡结对启动仪式举行，两所学校共同商议了城乡共建计划实施方案，计划从派年轻教师实地学习、两校学生定期交流、骨干教师分享成果三方面实施结对，本学年东凯小学派出一名东营市小学语文教学能手到希望小学进行支教活动。两所学校还签署了《城乡共建协议书》，东凯小学向希望小学一至三年学生赠送了校本教材《清音》300册。

东凯小学与广饶共青希望小学实现结对帮扶，是提高两校教师队伍素质、促进两校师生发展的重要途径。“通过城乡交流互动，可以促进两校教师互相学习、互相帮助，增强工作使命感，借助城乡结对的帮扶方式为促进教育均衡发展贡献学校的力量。”东凯小学校长曹玉泮说。

（记者 李静）

——《黄河口晚刊》2015年11月11日第3版

人文关怀的佳话

支教学校所在的乡村名字叫李道村，在建这所小学之前，这里还有一所中学，名为“李道初中”。之所以提到这所学校，是因为听说当年这里流传着一种意蕴深远的“李道精神”。

李道初中是丁庄镇中学的一个村教学点。据说这里的老师不是一流的，有部分老师一边种田一边教学；这里的教学设施也不是一流的，因为乡镇中学教学点的资金能力有限；来这里上学的学生当然也不是一流的，就是周边村里的孩子。就是这样一个普普通通的乡村初中教学点，却创造了升学的“神话”。初一学生入学考试成绩在全乡镇基本是排末尾的，然而初中毕业时却是全镇升学率最高的学校。是什么力量让这所普普通通乡村初中造就了一个又一个的“教学神话”？这不由得引起了我的兴趣。为了解读其中的教育规律，我多方打听，仔细琢磨品味之余，一缕缕教育正能量逐渐在我的心中升腾。

赵兵元主任，当年曾经在李道初中负责教学管理工作，他给予我的答案是：团队齐心、抱团发展。当时的李道初中是四年制，学生自入学以来按照异质分班后，这四年便不再分班。让学生组成一个相对稳定的班集体，凝结成一个具有向心力的团队，这是李道中学的办学法则。更为重要的是各班级的任课教师固定不变，要负责学生这四年的初中学习，担负起孩子能否走出农村，迈入更高学府深造的重任，这是教学任务，更是一份沉甸甸的人生责任。其实，无论是哪个学段的教师，都应为孩子的一生负责，不应只局限于学生的当下成绩。教育是一个连续性的且具有长期性的过程，频繁地更换教师很难为学生的良好发展服务。相对稳定的发展环境，持久长远的目标，的确有利于学生的发展与成长。

我们学校崔佳星老师的父亲，是一位退休的老教师，也是当年李道中学的副校长。崔校长说，学校和谐的人文环境是成就学校的基石。他说李道初中之所以氛围浓郁，跟很多原因都有关系，首先就是领导心胸开阔，人品正直。以前的马校长是个特别随和的人，对待老师们就像对待自己的孩子一样，宽容和蔼。因为校长已年过半百，学校里诸如开会、外出学习、管理等事宜，完全放手交给副校长，马校长只负责掌舵，极力为教师处理好干扰教学的琐事，为大家教学服务。因此，教师们在人格上绝对地敬重他。除此之外，老校长还有一个非常值得称颂的优点，那就是对人特别信任，把事情交给别人执行后，充分给予执行人施展能力的空间，杜绝让执行者去苦心琢磨他的心思，然后依葫芦画瓢去完成工作这类现象，这样教师们就非常具有创造性。信任，往往会创造美好的一切。

在老校长的积极带领下，崔副校长自然不敢怠慢，他秉公执法，严明纪律，在学校建立公正、公平、公开的制度，由此营造出健康的积极向上的工作氛围。教师们以业务水平论高低，以教学质量论长短，和他私交较好的教师占不得半点便宜，和他有过意见不合的教师也堂堂正正。李道初中很早就建立了积分制度，考核、表彰都由积分而定，正所谓制度面前人人平等，少了利益纷争，多了公正廉明，教师们的关系因此特别融洽，教师们干劲自然可想而知。

人文关怀让人心聚力。正所谓“人心齐、泰山移”，李道初中便是最真实的例子。人心齐，要建立在十足的人情味上，人文关怀首先应来自于学校领导。崔校长回忆道，原来学校里有很多没结婚的年轻老师，他就把自己当成他们的兄长，他们有什么做得不对的地方，不管是业务方面还是为人处世方面，他会直接为他们指出。为了一些年轻教师能顺利组建家庭、成家立业，崔校长经常为他们鼓劲加油，制造机会。这么多年过去了，年轻教师与他关系仍然很好。很多未婚的年轻教师住在学校，食堂就只做中午一顿饭，他们就成群结队骑着破自行车去崔校长家吃饭，基本一周一次，有时候还两次。大家就像兄弟姐妹一样，组成了一个温暖的大家庭，都有了家的归属感。哪里还有比家更温暖的地方呢？谁会在为家争光时而甘心落后呢？当校长回忆这些时，脸上洋溢着满满的幸福感。难怪同行们会用“形散而神不散”来评价李道初中。学校有制度，却不会把老师束缚住，执行起来非常人性化。当老师们感觉被尊重以后，自然会将心比心，工作中会有不尽的动力，教学时会倾情付出。当所有教师的积极性都被调动起来时，怎么还会有攻克不了的困难、逾越不了的障碍？

工作是生活的重要部分，工作快乐，生活的幸福指数自然就高。只要心不累，干多少工作都不会感觉到筋疲力尽。设身处地地想想那些老师们，其实他们生活得特别快乐，比我们现在压力要小得多，那时候结了婚就住学校，不做“房奴”“车奴”，安逸舒适，简单快乐。而且那时候家长对老师还是很尊重的，老师的社会地位相对较高。

听了两位老教师的一番话后，我似乎悟到了“李道精神”背后的教育规律，也更加明白了“领导把我们当人看，我们把自己当牛干；

领导把我们当牛干，我们把自己当人看”这一形象比喻的真实内涵。话糙理不糙，被人尊重是每个人的基本需求，被人信任是工作动力的源泉，公正、公平且人文氛围浓郁的工作环境是取得成绩的根基。我想这也许就是“李道精神”的内核吧。

原文写于2016年1月18日

城市学生乡村体验记

一晃，支教生活就听到了结束的脚步声。在这接近一年的时间里，我思考过乡村教育的现状，探索过乡村教育的未来，被乡村学校的教师和学生感动过，总之，这接近一年的支教生活丰富了我的教学记忆，充实了我的教育生涯。在所有的感动中，让我感受最深的还是这里质朴、纯真的孩子，他们身上散发的品质恰恰是城镇学生应该汲取的品质与素养。

在支教将要结束的时刻，我带领我所在的班级13名学生来到支教学校开始了为期一天的体验生活，看到了他们初来乍到的新鲜，也感受到了他们极不适应的无奈，更体会到了他们来自内心的收获。

崔舒匀在《在希望小学的一天》中写道：

广饶希望小学坐落在一片碧绿的麦田之中，它就像一颗耀眼的宝石，镶嵌在田野之中。

刚来时，他们很热情地欢迎我。一下课，他们就每人给我一大把吃的，堆在桌子上，数都数不清。午休时，他们拿出自己的毯子，铺在地上，没有任何老师帮助他们。睡觉时，我的被子不能铺在地上，有两个女同学把自己的毯子拼在一起，让我睡在中间。还别说，三个人睡两张毯子还真是不舒服，但她们还是热情地帮助了我。下午，上完第一节课，我们在窗台边上发现一只小麻雀。看样子，它好像受了伤，不能飞了。如果是城里的孩子，大多都会把这只小麻雀关进鸟笼里，让它失去自由。但这里的孩子们却说："放了它吧，看它多可怜。"等我们把它放在地上时，它竟然奇迹般飞了起来。大概它感受到了我们的关爱，不想让我们失望吧！

这就是这里的孩子们：纯朴、善良。他们没有城里孩子的娇贵，但他们自理能力强、热情友好。他们有许多优点值得我们去学习。

在崔舒匀的记忆中，那只受伤的小麻雀因为乡村孩子们的纯朴、善良而得以放归自然，受伤的麻雀在孩子们的关爱之下竟然奇迹般地飞了起来，我想这种纯朴而善良的品行一定会在她的记忆中划上一道美丽的弧线。

陈芊朵在自己的体验作文中则描绘出了乡村孩子的热情与纯真。她写道：

今天，语文老师带着我们班十三位同学一起去广饶的希望小学上一天体验课，感受乡村小学的生活。

我们分成了三组，分别去四年级的三个班。我和另外四名同学被分到了四年级一班。班主任让我和班上的班长坐在一起，并让她尽力帮助我。

班上的同学很热情，刚一下课，他们就送给我们很多好吃的，我的同桌更是悉心照顾我。他们学得比我们快，所以每次我有不懂的问题，她都会解释给我听。上音乐课时，有一首歌我们没有学过，但音乐老师让我和她分开，唱两个声部。她怕我不会唱，就和我一起唱低声部，让我学她唱。

大课间时，老师让我们把带的礼物送给自己的同桌。我送给她一个小钱包、几枚书签和一支带着花香的笔。虽然没有别人的礼物贵重，但她还是很高兴，对我说她很喜欢那些礼物！回到教室后，我们又上了一节剪纸课。当时班上只有我一个人带了剪刀，同桌就骄傲地跟别人说："看，还是我同桌好！"这短短的一句话，使我心里温暖了许久。

中午吃饭时，她让我站在队伍最前面，领着我们到食堂吃饭。她告诉我坐在什么位置，在哪里洗手。吃完饭，她又帮我倒了剩饭，带我回到教室。午休时，我到车上拿被子，来来回回跑了好几次，她一直跟着我。她把自己的被子铺在地上，又把我的被子铺在她的被上。我们躺在地上，我一开始不舍得睡，但也许是太困了，结果一闭眼便睡着了，下午两点时还是她叫我起的床。

下午我们只上了一节课就准备走了。临别时，她记了我的电话号码，我也记了她的。我们依依不舍，好像永远都不想分开……

虽然只和他们相处了一天，但我已经深深喜爱上了他们自立、热情、乐于助人的性格，以后我也要像他们一样好客、独立。

吴运达同学则感受到乡村孩子自理自立的能力，他在作文中这样记叙了一天的体验感受：

周三，有幸在老师带领下，我们四年级一班一行十三人来到乡村的一座希望小学，深入体验乡村学习生活。远看这座希望小学，并不起眼，独自矗立在麦田中间，显得形单影只。

进入学校，首先映入眼帘的是一座小号花坛，该花坛和城市校园花坛截然不同，城市校园花坛多统一为绿色色调，而该花坛犹如大杂烩，形形色色、各式各样的花都簇拥在花坛中间，红的、绿的、紫的、黄的，争奇斗艳，还有几只小蜜蜂飞来飞去，点缀出一副完美的画面。置身校园之中，深刻感受到散发出的乡村气息。

上课了，老师让我做了自我介绍，还引荐同学们给我们认识，让我们结成了手拉手的“小伙伴”。

时间过得飞快，很快到了午饭时间，我跟着“小伙伴”们一起来到了学校食堂。刚坐下，“伙伴们”就争相帮我拿饭碗、勺子，而我想自己动手，但都被“伙伴们”婉拒了，看到这一切，我感动不已，深刻感受到“伙伴们”的热情和友好。

午休时间到了，同学们都到自己的衣柜拿出被子，有的同学抱不动被子，只好拖在地上。我心怦然一震，“你们老师呢？老师不帮你们拿吗?”“我们自己能行!”同学们异口同声，我被“小伙伴”们的自立能力深深折服。这时我才想起自己走得仓促，没有带毛毯，“伙伴们”似乎也发现了这个问题，其中一个“小伙伴”很爽快地把他的毛毯给了我，而他和其他同学睡在一起，我感动得热泪盈眶。

时间过得飞快，很快到了返校时间，临行之时，我跟小伙伴们依依不舍，握手、拥抱，难舍之情溢于言表。坐在车上，凝望这座乡间小学，今天我收获了很多、很多……

宋兴茹同学不仅感受了乡村孩子的纯朴善良，并且对乡村学校所处的环境异常感兴趣，于是人美景美的乡村学校留在了她的作文之中：

今天，我们的语文老师还有三位家长，带领我们去广饶丁庄体验一天那里同学们的生活。

一进大门，我就看见高高的教学楼，碧绿的草坪，还有一朵朵美丽的花朵，好像一个个淑女撑着一把把五颜六色的伞。上午有英语课，老师让我们用英语自我介绍。他们的语言表达非常标准。第二节课上音乐，同学们的歌声就像百灵鸟那样婉转。第三节课非常有趣，老师教我们折啄木鸟和小猫，我们每一个人都折得栩栩如生。上午的最后一节课上美术，老师让我们画《静物一家》，老师说完要求同学们便拿起笔画起来。因为没有想好主题所以擦了一遍又一遍。当我看到旁边的同学画得很逼真，我就下定决心，一定要加倍努力把画画好。于是我就专心致志地画了起来。

上午的课上完了，接下来就到了吃午饭的时间了。一进食堂，“哇，食堂好大呀！这还是我第一次在食堂吃饭嘞。”同学们有顺序地走进食堂，而且都很友好地给我们盛饭拿勺子。

吃完午饭，睡午觉的时间到了，因为我只带了一个毛毯，而且还是盖的。这时有两位同学和我共用她们的毯子。我感到那里的同学非常贴心，从这我还能感受到他们的友好和热情好客。

睡完午觉，语文老师说带我们去看看学校旁边的麦田。我们走过一条泥泞小路，看到一望无际的麦田，小路周围还有茅茅草，那绿绿的还没有成熟的麦子，让麦穗压得都直不起腰，我能感觉到它们在向我们招手，它们随风不停地摇摆，好像是为我们翩翩起舞。

时间过得很快，不知不觉已经到了我们要回去的时间了，我的同桌知道我要走了，所以给了我一个拥抱，我知道这个拥抱它代表着我们的友谊和怀念，这时候我才知道他们只能用一个纯朴的拥抱来表达最后的依依不舍。

这次活动我觉得很有意义，它让我感受到了丁庄希望小学的同学们的友谊、热情、纯朴，最主要的是给我的童年增添了一束光彩。

也许孩子们的作文还有些稚嫩，他们的体验还有些肤浅，但这都不是问题，关键是他们已经被乡村学校的学生具有的品质所感染，所感动。我想有了这样的体验感受就足够了。

原文写于2016年5月18日

值得回忆的六一儿童节

今天是六一儿童节，提前一周我就在想，今年的这个六一儿童节我应该为支教学校的孩子们做点什么呢？希望小学原先设计的六一儿童节准备全员参加，让每一个孩子过一个属于自己的节日。上午集体行动参观东营市植物园并且举行野炊，下午包场到雪莲大剧院观看大型音乐剧。我想这样的六一活动才是真正给每个孩子过的。这样一个设计，让校长颇费心思，一是担心路途活动的安全，二是要为孩子看一场演出体验一场高端的视觉盛宴而东拼西凑高达几万元的费用。对于乡村的孩子来说，这样的六一儿童节一定会成为他们童年最绚丽的一道记忆。

这样的活动设计，更应该为校长点赞，因为这样的活动折射出的是“让孩子站在教育的正中央”的教育理念。这句话的理念指向是学校应该以学生为中心，学校教育应该以学生为核心。反思我们的教育教学行为就会发现，我们常常非常勤奋地做着以我们教师为中心的教育，这些教育活动中没有孩子，只是打着为了孩子的旗号而已。六一年年过，六一年年有人吐槽，我想引来吐槽的原因，无非就是我们没有把孩子放在教育的正中央，在这样一个属于孩子的节日里没有了他们自己，自己的节日“被过了”，少了孩子应有的快乐和笑声。五月份是中小学校园一年之中最为忙活的一个月，大家都在为一场六一儿童节汇演而忙碌，教师学生均身心疲惫，在这一个月里甚至正常的教学秩序都会被冲击。可是这究竟是不是孩子们需要的六一儿童节，是不是六一儿童节应该有的味道呢？这样的问题值得深思。多少学校不是借助这样的一场演出，用孩子们的节日展现学校办学的理念和成果，向家长、向社会展示所谓的学生素养呢？这样的六一儿童节是孩子们实现“他人”愿望的节日。孩子们在这样一个自己的节日里没有自我，也没有了应该属于自己的快乐。对于孩子们来说过多了这样没有自己的节日，没有了笑声的节日就是负担，他们过够了也就情有可原了。真正的儿童节，应当以孩子们的健康成长为目的，以孩子们的发展需求为出发点，以孩子们找到自我和实现自我快乐为立足点。

其实，在这样一个特殊的节日里，还有一部分学生更值得我们关注，就是那群贫困生。我们关注了全体，也应该关注到个体，在这样一个特别的日子里，他们能够收到一份关爱，这些孩子的心里一定会泛起一丝温暖和感动，也许就是那份温暖和感动在改变着一个个生命的未来。想到了这里，我便找学校要了他们统计的贫困生情况，当看到一长串的贫困生情况时，的确超出了我的预想，没想到会有这么多，没有想到会有这样的困境。当天我便回学校，进行了落实，虽然费尽周折，捐助资金也有限，但还是要感谢爱心企业、社会爱心人士。初夏的下午，六一儿童节当天，万达集团的领导走进了希望小学的校园。万达集团为十名贫困生每人捐助了300元的爱心基金。尽管钱不是很多，对于这些贫困家庭来说，也可能是杯水车薪，但这份暖暖的爱意足以浇灌孩子们幼小的心田，温暖他们的童年。我们需要社会的正能量，我们需要这样的爱心行动，虽然力量微小，但我们相信星星之火可以燎原。这种方式能够给寒门学子以鼓励和关怀，我想这个六一儿童节留在他们记忆中的一定是不同寻常的记忆。

作为一名支教教师，我想为孩子们的六一儿童节尽一份力。除了支教教师的身份之外，我还是一名父亲，在这样一个特殊的日子里，我还应该送给上二年级的女儿一份特殊的节日礼物。于是，我提前和她商议，在六一节我们一起捐助几个贫困生，献一份爱心。“爸爸捐助两个，你捐助一个。爸爸用自己的工资，你要用你自己的压岁钱。”我对女儿说。女儿看到有关贫困生的信息后，她有点疑惑地问我，他们真的是这种情况吗？当得到我的肯定回答时，她毫不犹豫地答应了，并且从自己的房间里找出去年六一节绘画获得的一个文具礼包，说是要作为礼物送给受捐助的小朋友。我和女儿商议我们从今年开始每年的六一都要来捐助这个学生，直到他们小学毕业。这是一份承诺，也是一份爱心。六一这天我和女儿如约捐助了希望小学的学困生，我捐助了三年级的两名学生，女儿捐助了一名一年级的小朋友。女儿的善举赢得了所有在场教师的称赞，热心的张延胜老师为表示对女儿的赞赏，拉着她在校园所有的景点都拍了照留念。送给女儿的这份礼物是让她学会关爱别人，用爱心帮助别人，从中体会到正直、善良与友爱。她心中埋下的这粒种子，经过时间的浇灌，我想会长成她一生的品质——爱心与善良。我想这是六一儿童节最好的礼物。

这个六一，让所有的孩子都感受到成长的力量与美好，这个节日过得非同寻常。

原文写于2016年6月1日

附：新闻报道

万达集团爱心助学希望小学

6月1日，中国万达集团地产公司物业总监冯现东带领集团员工来到广饶县丁庄镇共青希望小学，对该校10名特困学生进行了爱心捐助活动。活动现场，中国万达集团职工为孩子们带来书籍和爱心基金，孩子们纷纷表示要把这份爱心变成学习动力，发奋学习将来回报社会。

（记者　宋东）

——《东营日报》2016年6月2日第5版

爱心教师心系特困学生欲助三名孩子完成小学学业

6月1日下午3点，我市东凯小学的李玉玺老师带着女儿李俏尔一起来到广饶县丁庄镇共青希望小学，为这里的三位特困学生送来了爱心基金和礼物。

李老师为三位家庭困难的学生每人带来了300元钱的爱心基金，“希望能让孩子们感受到这份爱心和社会的正能量。”李老师说，并表示希望能够帮助这三名学生完成小学阶段的学业。同时，李老师的女儿李俏尔小朋友也拿出了自己的200元压岁钱和自己画画获得的奖品，送给了父母常年在外打工由爷爷奶奶照顾的常紫涵小朋友。

“姐姐，谢谢你给我的礼物，以后我会好好学习，和姐姐一样优秀。”一年级的常紫涵小朋友说道。常紫涵的父母长期在外务工，平时的生活起居只能靠年迈的爷爷奶奶照料。据共青希望小学赵校长介绍，现在学校共有学生470人，其中贫困学生有30名左右，这些孩子多来自车祸导致的单亲家庭，父母身患疾病的家庭以及家里耕地较少、生活拮据等原因导致贫困的家庭。

现在小学教育属于义务教育阶段，国家实行“两免一补”政策，但是一个孩子一年的学杂费、交通费、伙食费和住宿费等也要将近2000元，这对于困难家庭来说是一笔不小的开支。“我们希望有更多的爱心人士和企业能够帮助这些学生，这些孩子学习成绩都不错，安心学习是他们现在最大的愿望。”赵校长说道。

（记者　宋东）

——《黄河口晚刊》2016年6月3日第6版

把梦想种在远方

盛夏已至，芒种杏黄，又是一年风吹麦浪。在这热情的季节，不知不觉中，竟走过一场又一场花开花谢，转眼间，成熟的气息已渐渐明朗。开车穿梭在城市和乡村之间，走过春，渡过夏，迎过秋，踏过冬。四季又从车轮下循环过一个周期，一年的乡村支教生活即将结束，然而这一年的支教生活却在我的教育生涯中留下了太多的感慨与回忆。支教在乡村暂离世事喧嚣，置身于麦田一角，放眼去看，一望无际的金黄，侧耳倾听，风吹麦浪沙沙响。回忆这一年的过往经历，记忆的芬芳在心底微微荡漾。支教生活，有笑有泪，有欣喜也有无奈，但是有了努力和担当，哪怕为乡村学校带去一点希望的光芒，为乡村的教育生活增添一份绚丽和色彩，都会化作记忆深处的阳光。有了这样一种经历，便把自己的梦想种在了远方，回忆过往时，总会从心底泛起温暖的光。

支教生活让我初识乡村教育，这一年的支教生活，恰恰遇到乡村教育发展的历史机遇——国家支持乡村教师计划的实施。为此，从解读政策到研究思考乡村教育现状，从立足支教学校现状到探索精准支教帮扶，我一路走得充实而又激情满怀。提升乡村教育，先从改变教师理念入手。支教一年来，在学校的支持下我为乡村教师积极创设了近十人次的外出学习培训，为支教学校的教师每人订阅了一本教育期刊。通过外出培训和专业阅读，为乡村教师教育理念的转变打开了一扇窗。理念是方向，是指引，对于乡村教师来说也有可能是仰望的星空。作为一名立足讲台的老师，我还努力带给乡村教师脚踏实地的教学实践。在这一年的支教生活中，每周举行一次课堂教学研讨活动，几乎囊括了各个学科、各个类型。既有骨干教师示范课，也有青年教师研究课；既有主题打磨的课例研究，也有同课异构的研讨。既有燕居丽、任兰英这样的名师走进希望小学校园参加教学研讨，也有孙传文、郭子平、周学松这样的市级教学专家莅临希望课堂进行指导。乡村教育发展关键在理念，核心在课堂，这一年的支教生活，我搅动了希望小学课堂教学的一池静水。

支教的乡村学校仅仅有四百多名学生，三十几名教师，从规模上来说是小规模学校，小不意味着落后，小而精、小而优这是乡村小学美丽的发展愿景。正因为小，这里的教师和教师、学生和教师之间产生了紧密而又温馨的人文关系。这种关注到每一个人的更符合人性的教育给了我深刻的印象。学生的质朴、教师的纯朴，成为了乡村教育厚重的教育资源。利用这样的资源优势我思考了乡村教育的突围之路，构思了乡村教育的课程实施计划等一系列的举措，丰富了支教学校发展的理念。

支教学校是我对教育重新思考的地方，这里也带给了我对教育教学新的认识与感悟，尽管时间只有短暂的一年，但我对这里的感情却是十分深厚的，支教的记忆镌刻在我心里。忘不了在课堂上冻得发麻的双脚还坚持听课研讨的情景，忘不了这里老师们积极高涨的探讨热情，也忘不了如一汪清泉清澈明净的孩子们的眼睛，也忘不了校园菜园带给我的餐桌礼物，更忘不了我捐助的贫困生。

许多相遇，最后都是渐行渐远；许多热烈，最后都会回归平淡。感谢教育生活中的相遇，感恩有这样一段教育历程，让我的教育生活拥有宽度和厚度。感恩过往，岁月不言伤，这一年教育生涯向暖，此刻流年安详。

原文写于2016年6月30日

附：

搅动一池静水的支教者
——感悟李玉玺老师的支教生活

去年暑假，听说东凯小学的李玉玺老师将成为城乡学校结对交流的支教教师。其实这类事情我从未放在心上，因为知道之前来乡村支教的领导、老师只不过是挂个头衔镀一层金而已，象征性地蜻蜓点水走走过场，并未对下面的教师的发展有实质性帮助，到支教期满，如徐志摩的诗“轻轻地我走了，正如我悄悄地来，挥一挥衣袖，不带走一片云彩!”总感觉那些所谓城市来的支教者不屑于去指导我们乡村一线的教师，而我们也更是对专家敬而远之。教育被行政干预太多，支教就是一种形式而已，我和同事们都没有报太多希望。然而东凯小学的支教老师李玉玺却用实际行动打破了我们的偏见，他的到来就像春雨滋润了希望小学干涸的土地，就像一条流淌的小溪搅动了希望小学一池静水。因为他的到来让我们以前象征性地应付检查的教研活动实质性地有声有色地开展起来，一场场教研活动让学校教师如沐春风，学校的教学理念开始发生转变。

记忆的帷幕徐徐拉开，第一次真正接触李玉玺老师是2015年10月份，我和吴老师跟随东凯小学团队去北京参加全国小学语文研讨会。在研讨会期间，且不说李玉玺老师记的密密麻麻的笔记，令我感触最深的是每晚在宾馆里开展的学习研讨。我们外出学习一般不会有这样的环节——白天学习晚上研讨。参加李玉玺老师的学习团队，晚上研讨对我来说还是第一次，我以为研讨最多一个小时而已，不，我错了，大错特错，从七点一直讨论到到十二点！五个小时，这是我们以前无法想象的！以前我们出来学习只局限于大会的安排，哪有像李玉玺老师他们那样进行学习内容结合自己的教学实际反思的研讨活动。在这五个小时的研讨活动中，每个老师通过聆听专家的报告结合自己教学的不足，提出今后课堂教学研究的方向。通过了解得知，这样的研讨活动不仅仅一次，是她们跟随李玉玺老师出来学习的必修课。也是从那次交流中我了解到城乡教育的差距，我们单纯地教考试内容，从未考虑学生的语文素养和语文能力。我也从李玉玺老师解读专家报告中，开始理解语文的课程性质是什么，理解语文是人文性和工具性统一的真正内涵。我真正开始意识到我们课堂教学的弊端——过多地关注课文内容的讲解，而很少去关注学生语文能力和语文素养的提高。北京之行的学习和与李玉玺老师深入浅出的对话交流，开启了我语文教学意识的觉醒，也留下对李老师的深刻印象——一位语文课堂教学的痴迷者，一位热爱教育的“狂人”。

李玉玺老师不仅仅只向我们随行的两位老师传递了语文教学的新理念，为了惠及我校全体语文老师，学习返程后他利用学校教研活动时间，把研讨会的思想精华给我们解读了整整一下午。在经历了北京学习研讨后，我预感这位教育“狂人”将给我校语文课程改革带来一场风暴。这一场教研活动整整进行了一个下午，中途没休息，也没有人退场，大家如沐春风，痴迷其中。听完李玉玺老师解读后，同事都对李玉玺老师称赞不已，负责、认真、敬业、有水平等词汇不绝于耳。接下来的教研活动，每周一次雷打不动，这也是我们学校好多年没有的情况了。李玉玺老师先后带领东凯的优秀语文老师为我们一一呈现了以他为核心的研究团队历经数年的研究成果——“1+1 助学课堂”、“1+1 习作”读写结合课、“1+1 篇”阅读整合课、“1+1 组”群文阅读课、“1+1 本”读书指导课。这些带着浓郁课改气息的课程，不仅带给了我们新的课改理念，更为我们送上了实实在在的教学经验。我们很多语文老师都是听了李老师和他团队老师的课之后，按捺不住激动的心情，马上到自己的班级进行实践、模仿运用。记得第一次听完李老师的示范课后，第二节本来是教学研讨，我校的宋老师却偷偷跑掉了，大家以为她可能有什么紧急事情要处理。当第二节下课铃声响起后，宋老师兴奋地跑进会议室，激动地说她迫不及待地用李老师的方法，第二节跑到班里模仿着上了一节课，效果非常好。宋老师一看就是一个急性子，她的一番话才让大家明白她缺席研讨的真正原因。

从金秋送爽到雨雪纷纷，语文的教研活动持续了十几周，他只帮助我们语文老师吗？不，我们又错了，剩下的时间他带领专家对数学、英语、音乐、体育、美术各个学科进行指导教研，风雨无阻。这时候同事们提起李玉玺老师，无不是发自肺腑的敬意，因为他用实际行动展示了对支教学校的高度负责。就连我们黄校长开会时也感激地说，让同事们好好把握机会，以前花钱费力去学习、去请人，也没有李玉玺老师给我们指导的效果好，没有这样系统和完善。自从李玉玺老师来了之后，我们学校在教研和课堂教学方面取得的成绩让兄弟学校羡慕不已！同事们也切实感受到了自身的进步，课堂教学吹进了春风，学校教学在悄然发生着改变。

第一学期我们希望小学的教研活动和课堂教学因为李玉玺老师的到来渐入佳境，李玉玺老师并未满足于此，第二学期不仅带领我们教师在教研活动上走得更深更远，而且对学校的各项教育教学工作都展开帮扶。为了资助贫困学生，他带来了万达集团的救助金，引来了青岛银行的助学金。在2016年的六一儿童节，他带着自己的女儿捐助了三位贫困生，并且承诺这样的结对帮扶直到这三名小学生小学学业结束。可见他已然把希望小学当成自己的家，想把更多的温暖带给希望小学。乡村学校的教育经费在一定程度上还是比较紧张的，李老师积极争取机会，只要有外出学习，总会让东凯小学支持，留给我们两个名额。一年下来，语文数学老师有了近二十几人次的学习机会，这样的外出学习机会让老师们更新了教育理念，拓展了教育视野。他所做的只是冰山一角，李老师付出的每一滴汗水，花费的每一滴心血，岂能用语言描绘？我觉得任何华丽的辞藻在他辛苦地为希望小学的付出面前都显得苍白无力！

在李老师这一年的支教活动中，我是受益最多的一个。因为多次参加活动，与李老师接触更为频繁，为此对他的了解也更加深入。在这期间最令我感动的是李玉玺老师的敬业与对同事的帮扶。记得有一次教研活动他请市教学能手徐老师给我们送课，很幸运的是我和徐老师同课异构，当天所有的专家对我们指导得都很细致，我也很满足于此。令我意外的是，放学后李玉玺老师打电话让我去他的办公室。当我走进他的办公室时，他已经把当天的教学反思整理了密密麻麻的好几张纸。李老师把他的思考一一向我呈现，令我茅塞顿开，豁然开朗，他的教诲犹如春风拂面，让我受益无穷。一般的教研活动讲完了课就算结束了，既没有反思，也没有改进，大家你好我好评评课就算完事了。可是这一次教研活动又超出了我的想法。李老师告诉我这次教研活动还没有结束，才进行了一半。后面一是根据他的建议进行自我反思重新修订教学设计，二是修订之后第二次上课。接下来李玉玺老师又给我提供了在东凯小学进行再次展示的机会。这样一次教研活动让我经历从未有过的折磨，说实话打心里我不是十分的情愿。但是，经历了第二次上课之后，不仅打磨了我的课堂教学，提升了我的教学理念，更让我真正悟到了课堂教学的实质。经历这样的磨课活动说实在的还是第一次，以往我们上完课活动就结束了，既没有总结，也没有沉淀，更没有人手把手地指导，为此每次活动都感觉成长的意义不大。而在这一次李老师指导的教研活动磨课中，虽然让我经历了一番困难和挑战，但是我也取得了蜕变之喜的进步。这是一种态度，这也是一种精神。在研究教学教育方面，李玉玺老师真的是精益求精！记得那次李玉玺老师给我指导完成教学设计已经晚上七点多了，我已饥肠辘辘，然而李玉玺老师依然继续手头上的工作，真是废寝忘食！后来随着了解的深入才知道他就是这样的一个“狂人”，加班加点是家常便饭，在办公室工作到很晚也是家常便饭，真是一工作起来就达到忘我的境界！相比于我见到的教师，这样热爱研究教育并把它当成一份事业的真是凤毛麟角！李玉玺老师对待其他同事也一样的用心。我的同事孙岩老师为了准备县里的教学能手课，请李玉玺老师指导。李玉玺老师不仅帮着她备课，第二天亲自听她试讲，试讲后再一次指导修改了，修改后在接着上课试讲。这样的态度与对课堂教学的精益求精，带给我们不仅是收获一节课的成长，而是带给了我们对工作对事业的重新思考。李玉玺老师就是这样一个人，无论谁请他帮忙指导课，他总是认真负责地对待，尽管他作为一个领导很忙。韩愈有云：“师者，传道受业解惑也”，李玉玺老师不仅为学生授业解惑，更承担着为新入门教师传道授业解惑的使命和责任，从他身上我看到了一个词“挚爱”——对教育事业的拳拳热爱之情！

还记得一次我请教一篇课文的教学来到了李老师的办公室，一本支教日记摆在案头，于是我就随手翻阅了一下，厚厚的一本足足有十万字的文稿，李老师告诉我这是这一年他支教的心路历程。我不禁再一次对李老师肃然起敬，工作有记录，思想有沉淀，教育有思考，凝聚成为这一本厚重的支教日记。其实我感悟更深的是，如此繁重的工作、紧张的时间，哪里来的时间让他写出这样一本厚厚的书稿——带有对乡村教育发展之路思考的书稿。这样的支教者我从来没见过。

大学时代的我是一个理想主义者，对教授们扎扎实实研究学问的态度非常崇拜，更向往民国时代大师云集、教育家辈出的时代！然而工作之后我变成了现实主义者，因为没有像大学一样的土壤。“云山苍苍，江水泱泱；先生之风，山高水长。”瞩望民国时期先生们远去的背影，我们呼吁“先生精神”的归来！令人欣喜的是，从李玉玺老师身上我看到了“先生精神”，我们这个时代正需要像李玉玺老师一样具有“先生精神”的千千万万的教育工作者！这样我们的教育才会充满希望！

广饶共青希望小学　赵倩

原文写于2016年6月30日

附录一：

国务院关于深入推进义务教育均衡发展的意见

国发〔2012〕48号

各省、自治区、直辖市人民政府，国务院各部委、各直属机构：

为贯彻落实《国家中长期教育改革和发展规划纲要（2010—2020年）》，巩固提高九年义务教育水平，深入推进义务教育均衡发展，现提出如下意见。

一、充分认识义务教育均衡发展的重要意义

1986年公布实施的义务教育法提出我国实行九年义务教育制度，2011年所有省（区、市）通过了国家“普九”验收，我国用25年全面普及了城乡免费义务教育，从根本上解决了适龄儿童少年“有学上”问题，为提高全体国民素质奠定了坚实基础。但在区域之间、城乡之间、学校之间办学水平和教育质量还存在明显差距，人民群众不断增长的高质量教育需求与供给不足的矛盾依然突出。深入推进义务教育均衡发展，着力提升农村学校和薄弱学校办学水平，全面提高义务教育质量，努力实现所有适龄儿童少年“上好学”，对于坚持以人为本、促进人的全面发展，解决义务教育深层次矛盾、推动教育事业科学发展，促进教育公平、构建社会主义和谐社会，进一步提升国民素质、建设人力资源强国，具有重大的现实意义和深远的历史意义。各级政府要充分认识推进义务教育均衡发展的重要性、长期性和艰巨性，增强责任感、使命感和紧迫感，全面落实责任，切实加大投入，完善政策措施，深入推进义务教育均衡发展，保障适龄儿童少年接受良好义务教育。

二、明确指导思想和基本目标

推进义务教育均衡发展的指导思想是：全面贯彻党的教育方针，全面实施素质教育，遵循教育规律和人才成长规律，积极推进义务教育学校标准化建设，均衡合理配置教师、设备、图书、校舍等资源，努力提高办学水平和教育质量。加强省级政府统筹，强化以县为主管理，建立健全义务教育均衡发展责任制。总体规划，统筹城乡，因地制宜，分类指导，分步实施，切实缩小校际差距，加快缩小城乡差距，努力缩小区域差距，办好每一所学校，促进每一个学生健康成长。

推进义务教育均衡发展的基本目标是：每一所学校符合国家办学标准，办学经费得到保障。教育资源满足学校教育教学需要，开齐国家规定课程。教师配置更加合理，提高教师整体素质。学校班额符合国家规定标准，消除“大班额”现象。率先在县域内实现义务教育基本均衡发展，县域内学校之间差距明显缩小。到2015年，全国义务教育巩固率达到93%，实现基本均衡的县（市、区）比例达到65%；到2020年，全国义务教育巩固率达到95%，实现基本均衡的县（市、区）比例达到95%。

三、推动优质教育资源共享

扩大优质教育资源覆盖面。发挥优质学校的辐射带动作用，鼓励建立学校联盟，探索集团化办学，提倡对口帮扶，实施学区化管理，整体提升学校办学水平。推动办学水平较高学校和优秀教师通过共同研讨备课、研修培训、学术交流、开设公共课等方式，共同实现教师专业发展和教学质量提升。大力推进教育信息化，加强学校宽带网络建设，到2015年在有条件的地方解决学校宽带接入问题，逐步为农村学校每个班级配备多媒体教学设备。开发丰富优质数字化课程教学资源，重点开发师资短缺课程资源、民族双语教学资源。帮助更多的师生拥有实名的网络空间环境，方便其开展自主学习和教学互动。要调动各方面积极性，在努力办好公办教育的同时，鼓励发展民办教育。

提高社会教育资源利用水平。博物馆、科技馆、文化馆、图书馆、展览馆、青少年校外活动场所、综合实践基地等机构要积极开展面向中小学生的公益性教育活动。公共事业管理部门和行业组织要努力创造条件，将适合开展中小学生实践教育的资源开发为社会实践基地。教育部门要统筹安排学校教育教学、社会实践和校外活动。学校要积极利用社会教育资源开展实践教育，探索学校教育与校外活动有机衔接的有效方式。

四、均衡配置办学资源

进一步深化义务教育经费保障机制改革。统筹考虑城乡经济社会发展状况和人民群众的教育需求，以促进公平和提高质量为导向，加大投入力度，完善保障内容，提高保障水平。中央财政加大对中西部地区的义务教育投入。省级政府要加强统筹，加大对农村地区、贫困地区以及薄弱环节和重点领域的支持力度。各省（区、市）可结合本地区实际情况，适当拓展基本公共教育服务范围和提高服务标准。

推进义务教育学校标准化建设。省级政府要依据国家普通中小学校建设标准和本省（区、市）标准，为农村中小学配齐图书、教学实验仪器设备、音体美等器材，着力改善农村义务教育学校学生宿舍、食堂等生活设施，妥善解决农村寄宿制学校管理服务人员配置问题。继续实施农村义务教育薄弱学校改造计划和中西部农村初中校舍改造工程，积极推进节约型校园建设。要采取学校扩建改造和学生合理分流等措施，解决县镇“大校额”、“大班额”问题。

五、合理配置教师资源

改善教师资源的初次配置，采取各种有效措施，吸引优秀高校毕业生和志愿者到农村学校或薄弱学校任教。对长期在农村基层和艰苦边远地区工作的教师，在工资、职称等方面实行倾斜政策，在核准岗位结构比例时高级教师岗位向农村学校和薄弱学校倾斜。完善医疗、养老等社会保障制度建设，切实维护农村教师社会保障权益。

各地逐步实行城乡统一的中小学编制标准，并对村小学和教学点予以倾斜。合理配置各学科教师，配齐体育、音乐、美术等课程教师。重点为民族地区、边疆地区、贫困地区和革命老区培养和补充紧缺教师。实行教师资格证有效期制度，加强教师培训，增强培训效果，提升教师师德修养和业务能力。

实行县域内公办学校校长、教师交流制度。各地要逐步实行县级教育部门统一聘任校长，推行校长聘期制。建立和完善鼓励城镇学校校长、教师到农村学校或城市薄弱学校任职任教机制，完善促进县域内校长、教师交流的政策措施，建设农村艰苦边远地区教师周转宿舍，城镇学校教师评聘高级职称原则上要有一年以上在农村学校任教经历。

六、保障特殊群体平等接受义务教育

保障进城务工人员随迁子女平等接受义务教育。要坚持以流入地为主、以公办学校为主的“两为主”政策，将常住人口纳入区域教育发展规划，推行按照进城务工人员随迁子女在校人数拨付教育经费，适度扩大公办学校资源，尽力满足进城务工人员随迁子女在公办学校平等接受义务教育。在公办学校不能满足需要的情况下，可采取政府购买服务等方式保障进城务工人员随迁子女在依法举办的民办学校接受义务教育。

建立健全农村留守义务教育学生关爱服务体系。把关爱留守学生工作纳入社会管理创新体系之中，构建学校、家庭和社会各界广泛参与的关爱网络，创新关爱模式。统筹协调留守学生教育管理工作，实行留守学生的普查登记制度和社会结对帮扶制度。加强对留守学生心理健康教育，建立留守学生安全保护预警与应急机制。优先满足留守学生进入寄宿制学校的需求。

重视发展义务教育阶段特殊教育。各级政府要根据特殊教育学校学生实际制定学生人均公用经费标准，加大对特殊教育的投入力度，采取措施落实特殊教育教师待遇，努力办好每一所特殊教育学校。在普通学校开办特殊教育班或提供随班就读条件，接收具有接受普通教育能力的残疾儿童少年学习。保障儿童福利机构适龄残疾孤儿接受义务教育，鼓励和扶持儿童福利机构根据需要设立特殊教育班或特殊教育学校。

关心扶助需要特别照顾的学生。加大省级统筹力度，落实好城市低保家庭和农村家庭经济困难的寄宿学生生活费补助政策。实施好农村义务教育学生营养改善计划。做好对孤儿的教育工作，建立政府主导，民政、教育、公安、妇联、共青团等多部门参与的工作机制，保证城乡适龄孤儿进入寄宿生活设施完善的学校就读。加强流浪儿童救助保护，保障适龄流浪儿童重返校园。办好专门学校，教育和矫治有严重不良行为的少年。

根据国家有关规定经批准招收适龄儿童少年进行文艺、体育等专业训练的社会组织，要保障招收的适龄儿童少年接受义务教育。

七、全面提高义务教育质量

树立科学的教育质量观，以素质教育为导向，促进学生德智体美全面发展和生动活泼主动发展，培养学生的社会责任感、创新精神和实践能力。鼓励学校开展教育教学改革实验，努力办出特色、办出水平，为每位学生提供适合的教育。建立教育教学质量和学生学业质量评价体系，科学评价学校教育教学质量和办学水平，引导学校按照教育规律和人才成长规律实施教育，引导社会按照正确的教育观念评价教育和学校。

切实减轻学生过重课业负担。各地不得下达升学指标，不得单纯以升学率对地区和学校排名。建立课程安排公示制度、学生体质健康状况通报制度、家校联动制度，及时纠正加重学生课业负担的行为。学校要认真落实新修订的义务教育课程标准，不得随意提高课程难度，不得挤占体育、音乐、美术、综合实践活动及班会、少先队活动的课时，科学合理安排学生作息时间。要改革教学方式，提高教学效率，激发学生学习兴趣。要引导家长形成正确的教育观念和科学的教育方式。要加强对社会培训补习机构的管理，规范培训补习市场。

八、加强和改进学校管理

完善学生学籍管理办法。省级教育部门要尽快建立与国家基础教育信息化平台对接的电子学籍管理系统和学校管理信息系统，建立以居住地学龄人口为基准的义务教育管理和公共服务机制。县级教育部门要认真做好数据的采集和日常管理工作，为及时掌握学生流动状况提供支持。

规范招生办法。县级教育部门要按照区域内适龄儿童少年数量和学校分布情况，合理划定每所公办学校的招生范围。鼓励各地探索建立区域内小学和初中对口招生制度，让小学毕业生直接升入对口初中。支持初中与高中分设办学，推进九年一贯制学校建设。严禁在义务教育阶段设立重点校和重点班。提高优质高中招生名额分配到区域内各初中的比例。把区域内学生就近入学比率和招收择校生的比率纳入考核教育部门和学校的指标体系，切实缓解“择校热”。

规范财务管理。县级教育和财政部门要采取切实措施加强义务教育经费监督，确保经费使用安全、合规、高效。要加强对义务教育学校财务管理工作的指导，督促学校建立健全财务管理制度，规范预算编制，严格预算执行，做好财务决算，强化会计核算，加强资产管理，提高资金使用效益。

规范收费行为。各地要强化学校代收费行为监管，规范学校或教育部门接受社会组织、个人捐赠行为，禁止收取与入学升学挂钩的任何费用。禁止学校单独或与社会培训机构联合或委托举办以选拔生源为目的的各类培训班，严厉查处公办学校以任何名义和方式通过办班、竞赛、考试进行招生并收费的行为。制止公办学校以民办名义招生并收费，凡未做到独立法人、独立校园校舍、独立财务管理和独立教育教学并取得民办学校资格的改制学校，一律执行当地同类公办学校收费政策。加强教辅材料编写、出版、使用和价格管理。

九、加强组织领导和督导评估

省级政府要建立推动有力、检查到位、考核严格、奖惩分明、公开问责的义务教育均衡发展推进责任机制。把县域义务教育均衡发展作为考核地方各级政府及其主要负责人的重要内容。教育、发展改革、财政、人力资源社会保障、编制等部门要把义务教育均衡发展摆上重要议事日程，各负其责，密切配合，形成协力推进义务教育均衡发展的工作机制。

加强对义务教育均衡发展的督导评估工作，对县域内义务教育在教师、设备、图书、校舍等资源配置状况和校际在相应方面的差距进行重点评估。对地方政府在入学机会保障、投入保障、教师队伍保障以及缓解热点难点问题等方面进行综合评估。将县域公众满意度作为督导评估的重要内容。省级政府要根据国家制定的县域义务教育均衡发展督导评估办法，结合本地实际，制定本省（区、市）具体实施办法和评估标准。省级政府教育督导机构负责对所辖县级单位基本实现义务教育均衡发展情况进行督导评估，国务院教育督导委员会负责审核认定。

国务院

2012年9月5日

附录二：

乡村教师支持计划（2015—2020年）

为深入推进全面建成小康社会、全面深化改革、全面依法治国、全面从严治党“四个全面”战略布局，认真贯彻党中央、国务院关于加强教师队伍建设的部署和要求，采取切实措施加强老少边穷岛等边远贫困地区乡村教师队伍建设，明显缩小城乡师资水平差距，让每个乡村孩子都能接受公平、有质量的教育，特制定乡村教师（包括全国乡中心区、村庄学校教师，下同）支持计划。

一、重要意义

到2020年全面建成小康社会、基本实现教育现代化，薄弱环节和短板在乡村，在中西部老少边穷岛等边远贫困地区。发展乡村教育，帮助乡村孩子学习成才，阻止贫困现象代际传递，是功在当代、利在千秋的大事。发展乡村教育，教师是关键，必须把乡村教师队伍建设摆在优先发展的战略地位。党和国家历来高度重视乡村教师队伍建设，在稳定和扩大规模、提高待遇水平、加强培养培训等方面采取了一系列政策举措，乡村教师队伍面貌发生了巨大变化，乡村教育质量得到了显著提高，广大乡村教师为中国乡村教育发展作出了历史性的贡献。但受城乡发展不平衡、交通地理条件不便、学校办学条件欠账多等因素影响，当前乡村教师队伍仍面临职业吸引力不强、补充渠道不畅、优质资源配置不足、结构不尽合理、整体素质不高等突出问题，制约了乡村教育持续健康发展。实施乡村教师支持计划，对于解决当前乡村教师队伍建设领域存在的突出问题，吸引优秀人才到乡村学校任教，稳定乡村教师队伍，带动和促进教师队伍整体水平提高，促进教育公平、推动城乡一体化建设、推进社会主义新农村建设、实现中华民族伟大复兴的中国梦具有十分重要的意义。

二、总体要求

（一）基本原则

——师德为先，以德化人。着力提升乡村教师思想政治素质和职业道德水平，引导乡村教师带头践行社会主义核心价值观，加强乡村教师对中国特色社会主义的思想认同、理论认同和情感认同。重视发挥乡村教师以德化人、言传身教的作用，教育学生热爱祖国、热爱人民、热爱中国共产党，形成正确的世界观、人生观、价值观，确保乡村教育正确导向。

——规模适当，结构合理。合理规划乡村教师队伍规模，集中人财物资源，制定实施优惠倾斜政策，加大工作支持力度，加强乡村地区优质教师资源配置，有效解决乡村教师短缺问题，优化乡村教师队伍结构。

——提升质量，提高待遇。立足国情，聚焦乡村教师队伍建设最关键领域、最紧迫任务，打出组合拳，多措并举，定向施策，精准发力，标本兼治，加强培养补充，提升专业素质，提高地位待遇，不断改善乡村教师的工作生活条件。

——改革机制，激发活力。坚持问题导向，深化体制机制改革，拓宽乡村教师来源，鼓励有志青年投身乡村教育事业，畅通高校毕业生、城镇教师到乡村学校任教的通道，逐步形成“越往基层、越是艰苦，地位待遇越高”的激励机制，以及充满活力的乡村教师使用机制。通过实施乡村教师支持计划，带动建立相关制度，形成可持续发展的长效机制。

（二）工作目标

到2017年，力争使乡村学校优质教师来源得到多渠道扩充，乡村教师资源配置得到改善，教育教学能力水平稳步提升，各方面合理待遇依法得到较好保障，职业吸引力明显增强，逐步形成“下得去、留得住、教得好”的局面。到2020年，努力造就一支素质优良、甘于奉献、扎根乡村的教师队伍，为基本实现教育现代化提供坚强有力的师资保障。

三、主要举措

（一）全面提高乡村教师思想政治素质和师德水平

坚持不懈地用中国特色社会主义理论体系武装乡村教师头脑，进一步建立健全乡村教师政治理论学习制度，增强思想政治工作的针对性和实效性，不断提高教师的理论素养和思想政治素质。切实加强乡村教师队伍党建工作，基层党组织要充分发挥政治核心作用，进一步关心教育乡村教师，适度加大发展党员力度。开展多种形式的师德教育，把教师职业理想、职业道德、法治教育、心理健康教育等融入职前培养、准入、职后培训和管理的全过程。落实教育、宣传、考核、监督与奖惩相结合的师德建设长效机制。

（二）拓展乡村教师补充渠道

鼓励省级人民政府建立统筹规划、统一选拔的乡村教师补充机制，为乡村学校持续输送大批优秀高校毕业生。扩大农村教师特岗计划实施规模，重点支持中西部老少边穷岛等贫困地区补充乡村教师，适时提高特岗教师工资性补助标准。鼓励地方政府和师范院校根据当地乡村教育实际需求加强本土化培养，采取多种方式定向培养“一专多能”的乡村教师。高校毕业生取得教师资格并到乡村学校任教一定期限，按有关规定享受学费补偿和国家助学贷款代偿政策。各地要采取有效措施鼓励城镇退休的特级教师、高级教师到乡村学校支教讲学，中央财政比照边远贫困地区、边疆民族地区和革命老区人才支持计划教师专项计划给予适当支持。

（三）提高乡村教师生活待遇

全面落实集中连片特困地区乡村教师生活补助政策，依据学校艰苦边远程度实行差别化的补助标准，中央财政继续给予综合奖补。各地要依法依规落实乡村教师工资待遇政策，依法为教师缴纳住房公积金和各项社会保险费。在现行制度架构内，做好乡村教师重大疾病救助工作。加快实施边远艰苦地区乡村学校教师周转宿舍建设。各地要按规定将符合条件的乡村教师住房纳入当地住房保障范围，统筹予以解决。

（四）统一城乡教职工编制标准

乡村中小学教职工编制按照城市标准统一核定，其中村小学、教学点编制按照生师比和班师比相结合的方式核定。县级教育部门在核定的编制总额内，按照班额、生源等情况统筹分配各校教职工编制，并报同级机构编制部门和财政部门备案。通过调剂编制、加强人员配备等方式进一步向人口稀少的教学点、村小学倾斜，重点解决教师全覆盖问题，确保乡村学校开足开齐国家规定课程。严禁在有合格教师来源的情况下"有编不补"、长期使用临聘人员，严禁任何部门和单位以任何理由、任何形式占用或变相占用乡村中小学教职工编制。

（五）职称（职务）评聘向乡村学校倾斜

各地要研究完善乡村教师职称（职务）评聘条件和程序办法，实现县域内城乡学校教师岗位结构比例总体平衡，切实向乡村教师倾斜。乡村教师评聘职称（职务）时不作外语成绩（外语教师除外）、发表论文的刚性要求，坚持育人为本、德育为先，注重师德素养，注重教育教学工作业绩，注重教育教学方法，注重教育教学一线实践经历。城市中小学教师晋升高级教师职称（职务），应有在乡村学校或薄弱学校任教一年以上的经历。

（六）推动城镇优秀教师向乡村学校流动

全面推进义务教育教师队伍“县管校聘”管理体制改革，为组织城市教师到乡村学校任教提供制度保障。各地要采取定期交流、跨校竞聘、学区一体化管理、学校联盟、对口支援、乡镇中心学校教师走教等多种途径和方式，重点引导优秀校长和骨干教师向乡村学校流动。县域内重点推动县城学校教师到乡村学校交流轮岗，乡镇范围内重点推动中心学校教师到村小学、教学点交流轮岗。采取有效措施，保持乡村优秀教师相对稳定。

（七）全面提升乡村教师能力素质

到2020年前，对全体乡村教师校长进行360学时的培训。要把乡村教师培训纳入基本公共服务体系，保障经费投入，确保乡村教师培训时间和质量。省级人民政府要统筹规划和支持全员培训，市、县级人民政府要切实履行实施主体责任。整合高等学校、县级教师发展中心和中小学校优质资源，建立乡村教师校长专业发展支持服务体系。将师德教育作为乡村教师培训的首要内容，推动师德教育进教材、进课堂、进头脑，贯穿培训全过程。全面提升乡村教师信息技术应用能力，积极利用远程教学、数字化课程等信息技术手段，破解乡村优质教学资源不足的难题，同时建立支持学校、教师使用相关设备的激励机制并提供必要的保障经费。加强乡村学校音体美等师资紧缺学科教师和民族地区双语教师培训。按照乡村教师的实际需求改进培训方式，采取顶岗置换、网络研修、送教下乡、专家指导、校本研修等多种形式，增强培训的针对性和实效性。从2015年起，“国培计划”集中支持中西部地区乡村教师校长培训。鼓励乡村教师在职学习深造，提高学历层次。

（八）建立乡村教师荣誉制度

国家对在乡村学校从教30年以上的教师按照有关规定颁发荣誉证

书。省（区、市）、县（市、区、旗）要分别对在乡村学校从教20年以上、10年以上的教师给予鼓励。各省级人民政府可按照国家有关规定对在乡村学校长期从教的教师予以表彰。鼓励和引导社会力量建立专项基金，对长期在乡村学校任教的优秀教师给予物质奖励。在评选表彰教育系统先进集体和先进个人等方面要向乡村教师倾斜。广泛宣传乡村教师坚守岗位、默默奉献的崇高精神，在全社会大力营造关心支持乡村教师和乡村教育的浓厚氛围。

四、组织实施

（一）明确责任主体

地方各级人民政府是实施乡村教师支持计划的责任主体。要加强组织领导，把实施工作列入重要议事日程，实行一把手负责制，细化任务分工，分解责任，推进各部门密切配合、形成合力，切实将计划落到实处。要将实施乡村教师支持计划情况纳入地方政府工作考核指标体系，加强考核和监督。教育行政部门要加强对乡村教师队伍建设的统筹管理、规划和指导。发展改革、财政、编制、人力资源社会保障部门要按照职责分工主动履职，切实承担责任。要着力改革体制，鼓励和引导社会力量参与支持乡村教师队伍建设。对在乡村教师队伍建设工作方面改革创新、积极推进、成绩突出的基层教育部门，有关部门要加强总结、及时推广经验做法并按照国家有关规定予以表彰。

（二）加强经费保障

中央财政通过相关政策和资金渠道，重点支持中西部乡村教师队伍建设。地方各级人民政府要积极调整财政支出结构，加大投入力度，大力支持乡村教师队伍建设。要把资金和投入用在乡村教师队伍建设最薄弱、最迫切需要的领域，切实用好每一笔经费，提高资金使用效益，促进教育资源均衡配置。要制定严格的经费监管制度，规范经费使用，加强经费管理，强化监督检查，坚决杜绝截留、克扣、虚报、冒领等违法违规行为的发生。

（三）开展督导检查

地方各级人民政府教育督导机构要会同有关部门，每年对乡村教师支持计划实施情况进行专项督导，及时通报督导情况并适时公布。国家有关部门要组织开展对乡村教师支持计划实施情况的专项督导检查。对实施不到位、成效不明显的，要追究相关负责人的领导责任。

省、市、县、乡各级人民政府要制订实施办法，把准支持重点，因地制宜提出符合乡村教育实际的支持政策和有效措施，将本计划的要求进一步明确化、具体化。请各省（区、市）于2015年底前，将本省（区、市）的实施办法报教育部备案，同时向社会公布，接受社会监督。

附录三：

山东省《乡村教师支持计划（2015—2020年）》实施办法

根据《国务院办公厅关于印发乡村教师支持计划（2015—2020年）的通知》（国办发〔2015〕43号）和《省委办公厅省政府办公厅关于推进基础教育综合改革的意见》（鲁办发〔2014〕55号）要求，为加强乡村教师队伍建设，办好人民满意的教育，制定本实施办法。

一、总体要求

（一）工作目标

把发展乡村教育和乡村教师队伍建设摆在优先发展的战略地位，努力造就一支下得去、留得住、教得好，数量适当、结构合理、素质优良、甘于奉献的乡村教师队伍，为实现教育现代化提供坚强有力的师资保障。

（二）基本原则

——师德为先，立德树人。着力提升乡村教师思想政治素质和职业道德水平，引导乡村教师带头践行社会主义核心价值观，充分发挥教师以德化人、言传身教的作用。

——创新机制，强化补充。拓宽乡村教师来源，畅通大学生、城镇教师到乡村任教的通道，鼓励和吸引优秀人才积极投身乡村教育事业。

——提升质量，提高待遇。加强培养培训，改善乡村教师工作生活条件，提高地位待遇，增强乡村教师职业吸引力。

——县域统筹，重点突破。积极实施“县管校聘”管理改革，强化县域统筹，形成城乡校长教师交流轮岗、均衡配置师资的良性机制。

二、主要措施

（一）着力提升乡村教师思想政治素质和师德水平

1.切实加强乡村学校党建工作。坚持不懈地用中国特色社会主义理论体系武装乡村教师头脑，健全政治理论学习制度，深入学习党和国家的大政方针，认真学习贯彻创新、协调、绿色、开放、共享的发展理念，不断提高理论素养和思想政治素质。强化乡村学校基层党组织建设，充分发挥基层党组织政治核心作用，进一步关心教育乡村教师，适度加大发展党员力度。

2.高度重视师德校风建设。按照“有理想信念、有道德情操、有扎实学识、有仁爱之心”的“四有”好教师要求，把教师职业理想、职业道德、法治教育、心理健康教育等融入职前培养、准入、职后培训和管理全过程。落实教育、宣传、考核、监督与奖惩相结合的师德建设长效机制。实行全员育人、全科育人，提高教师立德树人的积极性和主动性。大力宣传乡村优秀教师的业绩，充分激发乡村教师的工作热情。坚持依法治教，引导乡村教师严格遵守廉洁从教有关规定，做到依法依规执教。加强师德考核，在教师职务评审、岗位聘用、评优奖励时，实行师德一票否决。

（二）健全完善乡村教师补充机制

1.加强和规范教职工编制管理。全面落实中小学教师“县管校聘”管理改革，强化县级教育行政部门对教师资源的统筹配置和管理功能，加强县域内教师调配力度，适当向乡村学校倾斜。县（市、区）机构编制部门会同教育、财政部门根据生源变化和教育教学改革需要，定期核定教职工编制。达不到标准班额的村小学、教学点，按生师比与班师比相结合的方式核定编制。落实农村学校机动编制政策，机动编制全部用于补充乡村学校急需的学科教师。中小学有空编的县（市、区），原则上按照中小学申报情况足额安排用编进人计划，及时招聘教师，严禁有编不补使用临聘人员。中小学现有编制总量达不到规定标准总量的县（市、区），可在县域事业编制总量内调剂部分事业编制用于补充中小学教师，县域内难以调剂的，可在设区的市事业编制总量内调剂解决。中小学满编超编的县（市、区），由机构编制部门根据乡村学校实际需要，在事业单位编制总量内，利用中小学教师临时周转编制专户，对确需补充专任教师的满编超编乡村学校予以补充。乡村学校使用临时周转编制的管理方式与城镇学校相同。妥善解决公办幼儿园、成人教育中心等机构占用乡村学校教职工编制以及提前离岗、长期借调人员等问题，严禁任何部门、单位以任何理由和形式占用或变相占用乡村学校教职工编制。鼓励通过政府购买服务方式解决教学辅助和后勤服务问题。

2. 完善教师招聘方式。从2016年起，按照事业单位公开招聘的有关规定，可以县（市、区）为单位，不分城区、农村学校岗位，统一招聘、统一分配，并向乡村学校倾斜，也可按学校组织招聘。按照教师专业标准和任教学科设置考试科目，重点考察教师专业素养和职业能力。合理确定招聘时间，一般每年3月底前启动报名工作，6月底前完成招聘工作。鼓励具备条件的市、县（市、区）探索采取先面试后笔试的方式招聘教师。

3. 实施短缺学科教师补充计划。按照国家课程改革和开齐开足课程的需要，各市以农村义务教育学区为单位，2016年2月底前，全面测算乡村学校短缺学科教师现状，2016年起统一启动乡村学校短缺学科教师补充计划，用2年时间补齐乡村学校短缺学科教师。

4. 开展大学生乡村学校支教。从2016年春季开学起，每学期安排1万名师范生到乡村学校进行实习支教，其中，安排在财政困难县7000名，由省财政按照每人每月400元的标准发放生活补贴。其他县（市、区）接收实习支教人员所需费用按照每人每月不低于400元的标准纳入市县财政预算。继续做好“三支一扶”支教工作。

（三）完善城乡校长教师交流机制

1.大力推进城镇学校校长到乡村学校任职。各市、县（市、区）按照义务教育学校校长交流轮岗要求，加大城镇学校校长到乡村学校任职力度。乡村学校校长岗位空出后，一律在县（市、区）范围内实行竞争上岗，鼓励城镇学校校长、副校长到乡村学校任职。用5年左右时间，完成乡村学校校长轮换。

2.加大城乡学校教师交流力度。各市、县（市、区）按照义务教育学校教师交流轮岗要求，完善政策机制，分年度按规定比例完成城镇教师到乡村学校交流轮岗任务。其中，城镇到乡村学校交流轮岗的教师中，特级教师、教学能手和县级以上名师、优秀教师等要占一定比例。将农村学校、薄弱学校任教1年以上工作经历作为评聘高级教师、正高级教师和评选特级教师的必备条件。

3.优化乡村学校教师资源配置。按照国家有关规定，以义务教育学区为单位配齐学科教师，实行学区教师资源统一调配，实现优质师资共享。在学区内推行音乐、体育、美术、信息技术等乡村学校短缺学科教师走教，由学区统筹协调相关学校给予一定补助，所需费用纳入财政预算。

4.鼓励名师名校长到乡村学校任教。各地要采取有效措施，支持特级教师和省、市名师名校长到乡村学校任教。支持鼓励身体健康、近期退休的特级教师、高级教师以及符合条件的社会人士到乡村学校支教讲学。继续做好“三区”人才支持计划教师专项计划工作。对义务教育学段跨市、跨县（市、区）支教教师和到乡村学校支教的特级教师、名师、名校长及退休教师等，省财政安排资金予以补助。

（四）改革完善乡村教师培养模式

1.完善师范生定向培养。鼓励市、县（市、区）政府与省内师范类高校开展校地合作，联合培养培训乡村教师。支持有条件的市开展定向招生、定向培养、定向就业。继续实施师范类专业初中起点“3+4”贯通培养，进一步提高生源质量，完善培养模式，强化教育实践，增强师范生从教能力。

2.启动免费师范生全科教师培养计划。按照国家实施师范生免费教育的政策，选择部分省属师范类本科高校招收免费师范生，面向乡村学校培养本科层次“一专多能”的全科教师，学生毕业取得教师资格并经用人学校考察合格后，直接安排到乡村学校任教。2016年至2018年，按3000人、3000人、4000人分年度安排招生计划，共培养10000人，所需经费由省财政分年度拨付。

（五）大力促进乡村教师专业发展

1.创新教师培训模式。省加大中小学师资培训对乡村教师倾斜力度，各市、县统筹安排资金，积极支持乡村教师培训。加强乡村学校音体美等紧缺学科教师培训。鼓励乡村教师在职学习深造，提高学历层次。

2.实施送教下乡培训计划。由省、市组织名师、名校长、特级教师等参加的送教下乡培训团，以志愿服务方式，采取送教下乡、送培上门形式，对乡村小学校长和教师进行培训。

3.提升教师信息技术应用能力。适应“互联网+”新形势，加大乡村教师教育信息技术应用能力培训力度。加快中小学教育资源建设，推进城乡教师优质教育资源共享。2017年，各市建成乡村教师网络课程资源平台；2018年，建成全省互联互通的乡村教师网络支持平台。

4.建立城乡一体化教研制度。完善省、市教研员定点联系乡村学校教研制度，全面实施县（市、区）教研员包扶乡村学校制度。以学区为单位完善乡村学校集中教研制度，努力提高教研质量。引导城区学校与乡村学校组建教研共同体，支持乡村教师参与城区学校教研活动。

5. 建立城乡学校发展共同体。城镇学校和乡村学校采取1对1或1对多方式，形成城镇学校与乡村学校手拉手共同发展机制，城乡学校同学科教师建立教研、备课、上课、作业布置与批改、课外活动等协同教学与资源共享机制，切实提高乡村学校办学水平和教育教学质量。

（六）完善乡村教师职称评聘办法

1. 调整提高乡村中小学中高级岗位结构比例。根据乡村教师人才队伍结构变化情况，调整优化乡村中小学岗位设置比例标准。从2015年起，乡村学校中、高级岗位设置比例可在规定比例上限基础上上浮1–2个百分点。

2. 完善乡村教师职称（职务）评聘办法。乡村教师评聘职称（职务）要坚持育人为本、德育为先，注重师德素养，注重教育教学一线实践经历，不作发表论文的刚性要求。乡村学校教师和城镇学校教师分开评审，对长期在乡村学校任教的教师予以倾斜。在乡村学校任教（支教）3年以上、经考核表现突出并符合具体评价条件的教师，同等条件下优先评聘。

（七）提高乡村教师待遇和生活保障水平

1. 依法保障教师工资待遇。及时足额发放乡村教师工资，全面落实乡镇工作人员津贴补贴政策。到乡村学校交流轮岗的校长教师，符合乡镇工作补贴政策范围的，发放乡镇工作补贴。研究落实绩效工资总量向乡村教师倾斜政策。可根据教师居住地与执教的农村学校距离，由学校适当发给交通补助，纳入绩效工资总量，具体办法和标准由各县（市、区）制定。依法为教师缴纳各项社会保险费，将公办乡村学校缴纳的教师住房公积金纳入财政保障范围。实施乡村教师年度健康体检制度，所需费用从学校公用经费中列支，有条件的可由同级财政单列资金予以保障。落实到乡村学校任教的高校毕业生学费补偿和国家助学贷款代偿政策。加大财政转移支付力度，确保乡村义务教育学校绩效工资足额发放。

2. 妥善解决乡村教师住房问题。各地要落实无房职工住房补贴政策。逐步提高乡村教师住房公积金缴存比例，有条件的地方可提高至规定上限。适当放宽乡村教师购房贷款条件，利用各地消化库存商品房的有利时机，支持乡村教师使用公积金贷款、低息贷款购买住房。县级教育行政部门根据乡村教师居住或工作地点，统筹就近就便妥善解决其子女入园、入学问题。

3. 启动乡村教师周转宿舍建设工程。各地要结合实际建设乡村教师周转宿舍，纳入当地保障性住房建设范围，妥善解决乡村教师特别是新教师、交流轮岗教师及实习支教师范生等的居住问题，2018年年底前基本完成。政府可通过在学校或乡镇驻地购买、租赁等方式筹集周转宿舍，也可利用清理腾退的党政机关办公用房和现有校舍改建；需要新建的，按照每套建筑面积不超过35平方米，具备基本生活功能（一室一厅一厨一卫）和水电暖齐全的标准，在乡镇学区驻地建设，山区、湖区及偏远学校也可在校内建设。

（八）建立完善乡村教师荣誉制度

1. 建立乡村教师荣誉制度。各级政府对在乡村学校从教30年、20年、10年以上的教师按照有关规定颁发荣誉证书。对在乡村学校长期从教的优秀教师按照有关规定予以表彰奖励。鼓励和引导社会力量建立专项基金，对长期在乡村学校任教的优秀教师给予物质奖励。在评选表彰教育系统先进集体和先进个人等方面向乡村学校倾斜。名师、名校长、特级教师选拔时，乡村学校实行计划单列。

2. 实施乡村学校特级教师岗位计划。以农村义务教育学区为单位，每个学区设立1个特级教师岗位，实行任期制。鼓励符合条件的优秀教师竞聘上岗。用5年左右时间，为每个学区配备1个特级教师岗位。

3. 努力提高乡村教师社会地位。各级政府要主动倾听乡村教师心声，切实帮助解决实际问题。教育、宣传等部门要广泛宣传乡村教师无私奉献的感人事迹，营造更加浓厚的尊师重教氛围。鼓励工会等群团组织主动协调帮助乡村教师，特别是乡村青年教师解决好婚恋等现实问题。

三、组织实施

（一）加强组织领导

各级政府是落实乡村教师支持计划的责任主体，要把乡村教师工作列入重要议事日程。加强考核和监督，实施乡村教师支持计划情况纳入地方政府工作考核体系。

（二）健全保障机制

进一步明确省、市、县教育事权和支出责任，健全教育经费分担和成本补偿机制，积极调整财政支出结构，加大乡村教师队伍建设投入力度。制定严格的经费监管制度，规范经费使用，加强经费管理，强化监督检查，坚决杜绝截留、克扣、虚报、冒领等违法违规行为的发生。

（三）开展督导检查

省政府定期开展乡村教师支持计划实施情况专项督查，对乡村教师队伍建设不力、造成不良后果的，要追究领导责任。各级政府教育督导机构要会同有关部门，定期对乡村教师支持计划实施情况进行督导，及时通报督导情况并适时公布。定期委托第三方发布山东省教师队伍建设报告。

各市要根据本实施办法研究制定乡村教师支持计划实施细则，并于2016年3月底前报省教育厅备案，同时向全社会公布，接受社会监督。

本实施办法自公布之日起施行，有效期至2020年12月31日。

后　记

一年的支教工作结束了，这一年的乡村教学生活让我收获了很多。乡村学校的课堂让我收获了教育的内涵，乡村学校的教师让我收获了勤奋，乡村学校的学生让我收获了质朴。感谢这一段教育经历，丰腴了我的教育生活。

乡村学校随着社会的发展出现了一些列的问题，但也伴随着教育改革的春风迎来了新的历史发展机遇。“小而美”“小而优”的乡村学校将是乡村教育未来发展的美好愿景。传统文化教育的回归和乡村教师支持计划的实施，让乡村教育的优势日渐凸显。乡村是孕育天地自然和千百年流传不息的传统文化的根源地，这是乡村教育取之不尽、用之不竭的优质资源。教育要追根溯源，返璞归真。田地是自然生命的发源地，也是师生的课堂，是学生把知识还原于自然，还原于生产的实践基地。田地是乡村教育落实学生核心素养最优质的途径。因为，教育原本就是农业。

守望乡村教育，让我们用爱与责任关注它的未来；守望乡村教育，让我们用勤奋和智慧支持它的发展。乡村教育关系着祖国教育现代化的实现，影响着全面建成小康社会的步伐。为此，我们应当成为乡村教育的守望者。